NINJA TURTLES

Le roman du film

Nathalie Jakubowski pour la traduction.
Audrey Thierry pour la création graphique.

Hachette Livre, 43, quai de Grenelle, 75015 Paris

NINJA TURTLES

Le roman du film

hachette
JEUNESSE

C'est le chef de la bande ! Prudent et sage, l'aîné des Tortues respecte toujours les règles. Il est prêt à se battre à tout moment et ne se sépare jamais de ses *katanas*, deux épées très impressionnantes. Leonardo croit dur comme fer que son devoir est de protéger tout le monde !

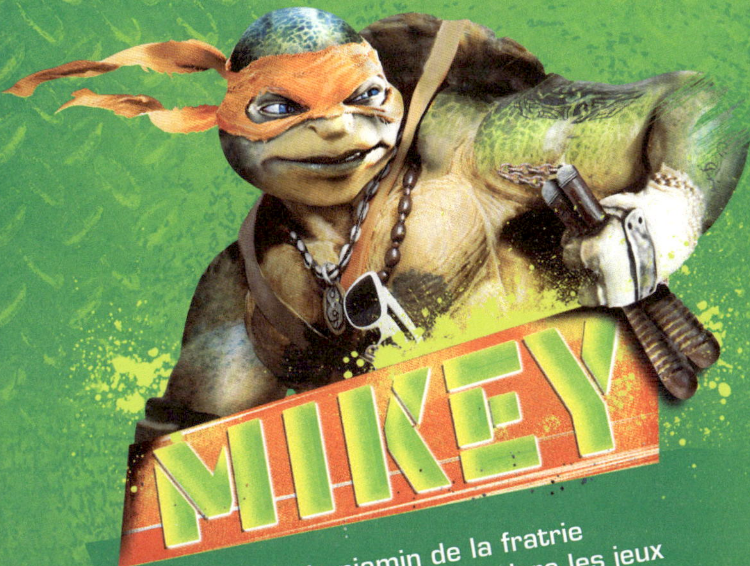

MIKEY

Le benjamin de la fratrie est un petit rigolo ! Il adore les jeux vidéo et le skateboard. Mais attention, même s'il est cool et relax, il devient redoutable quand on s'en prend à lui ou à ses frères. À l'aide de son *nunchaku*, Michelangelo est prêt à tout pour défendre les siens !

DONNIE

Donatello est le cerveau du groupe. Ses frères comptent sur son intelligence sans limite pour créer les armes de la bande. Il arbore fièrement son *bo*, un grand bâton avec une lame. En effet, Donatello n'est pas seulement brillant, c'est aussi un dangereux adversaire !

Des quatre frères, c'est le plus costaud ! Très sûr de lui et parfois incontrôlable, Raphael déteste obéir aux ordres. Mais sous cette carapace de gros dur indépendant se cache la peur profonde d'être abandonné. Il se bat avec ses *saïs*, deux solides tridents.

SPLINTER

Ancien rat de laboratoire à l'intelligence et la dextérité humaines, Maître Splinter est le père adoptif des quatre frères. Depuis qu'ils ont été exposés au mutagène, il vit avec eux dans les égouts. Il les entraîne aux arts martiaux afin qu'ils deviennent des Tortues Ninja !

CHAPITRE 1

April O'Neil a réalisé son rêve : devenir reporter. Après des années d'études et de travail acharné, elle est devenue journaliste d'investigation pour la chaîne d'infos Channel 6 News, à New York. C'est le job idéal ! Pourtant, elle n'est pas heureuse.

Une vague de crimes terribles paralyse la police et terrorise les habitants de la ville. April a interviewé un docker et elle a décroché un scoop : des malfaiteurs ont volé un produit chimique utilisé dans le cadre de recherches en génétique. Et depuis, que fait-elle ? Est-elle en train de mener l'enquête ? De remonter la piste jusqu'au Clan des Foot, le puissant gang de voleurs soupçonné d'avoir orchestré cette affaire ? Ou de préparer des reportages sur leur chef, le mystérieux Shredder, celui que personne n'a jamais vu ?

Non.

En ce premier jour de printemps, April saute sur un trampoline en battant des bras, à Madison Square. Son grand reportage du jour ? Le nouveau « Régime Minceur Migratoire », inventé par un coach sportif.

– Allez, tout le monde, on agite ses petites ailes ! hurle le coach. Vous avez déjà vu un oiseau grassouillet ? Il n'y a pas de meilleur moyen pour perdre ses kilos en trop !

April est morte de honte. *Les vrais journalistes, eux, ne perdent pas leur temps à sauter sur des trampolines !* songe-t-elle. Ce qu'elle veut, c'est être au cœur de l'action. Et enquêter sur ces crimes qui sèment la panique dans New York.

April sait qu'elle peut coincer Shredder. La meilleure journaliste d'investigation de Channel 6, c'est elle ! Sauf que… personne n'est encore au courant. Voilà pourquoi son chef l'a envoyée couvrir cette histoire de trampoline. Il faut qu'elle fasse ses preuves.

Quelle frustration ! April aimerait tant pouvoir en parler à son père… Hélas, il est mort dans l'incendie de son laboratoire, il y a des années. Aujourd'hui, son seul confident est Vern Fenwick, son caméraman.

Une fois l'interview terminée, April le retrouve près de la camionnette qui leur sert à transporter le matériel. Il est déjà en train de remballer sa caméra.

– Quatre ans d'études de journalisme pour ça, gémit-elle.

– Écoute, O'Neil, des journalistes comme toi, j'en ai croisé beaucoup sur ma route, lui répond Vern. La plupart d'entre eux sont devenus de grands reporters. Et tu sais quel était leur point commun ?

Elle fait non de la tête.

– Ils ont tous travaillé très dur pour y arriver. Les bonnes enquêtes ne tombent pas du ciel. Il faut que tu trouves ton sujet et que tu t'y accroches.

Il a raison, bien sûr, se dit la jeune femme. *Un bon reporter s'accroche à son enquête* ! De retour au bureau, elle se remet au travail d'arrache-pied. Elle relit tous les documents d'expédition concernant le produit chimique volé. Et elle fait une découverte capitale : une autre livraison est prévue ce soir.

Sa décision est prise. Elle aussi sera au rendez-vous !

April pédale dans le noir, le long de la baie de Brooklyn. Pendant la journée, des dizaines d'équipes de dockers travaillent ici pour décharger la cargaison des gros bateaux, mais, le soir, l'endroit est désert. La jeune femme cache son vélo derrière un hangar et met le cap sur une rangée de containers alignés au bord de l'eau. Prudente, elle regarde autour d'elle en quête d'indices éventuels… ou d'un signe qui la mettra sur la piste de Shredder.

Soudain, un crissement de pneus déchire le silence. April se précipite derrière une benne à ordures pour se cacher, mais elle a quand même le temps d'apercevoir les nouveaux arrivants : ils sont en tenues de ninjas, leurs visages dissimulés sous des masques de théâtre japonais. Le Clan des Foot !

Sans perdre une seconde, les hommes de Shredder s'activent autour des containers.

Ils sortent des câbles, des poulies et d'autres outils de leurs sacs à dos. Rapidement, sans faire de bruit, ils enroulent leurs câbles autour des caissons. De toute évidence, ils ont l'intention de les voler. April n'en revient pas. Enfin, elle est au cœur de l'action !

Pour être un bon reporter, il faut prendre des photos. La jeune femme sort donc son appareil, mais elle n'a pas le temps de s'en servir : trois silhouettes surgissent de l'ombre et s'avancent vers elle d'un pas menaçant. Leurs masques inquiétants luisent au clair de lune. Ils se rapprochent… Prise au piège, April ne sait pas quoi faire.

Au même moment, une clameur retentit sur les quais. Les Soldats du Clan des Foot sont attaqués. Ils crient et tirent des coups de feu dans le noir, mais leur ennemi semble insaisissable. Certains d'entre eux disparaissent en un clin d'œil dans la nuit. D'autres sont jetés à l'eau, comme poussés par une main invisible.

Les trois hommes qui entourent April se retrouvent aspirés dans les airs et jetés au fond de la benne, comme de vulgaires sacs-poubelle ! Dans le noir, la jeune femme n'a pas vu ce qui s'est passé. À croire qu'il y a *vraiment* une main invisible à l'œuvre… Mais son instinct de reporter lui dit le contraire. Elle s'élance en courant vers les containers, bien déterminée à découvrir qui – ou *quoi* – a osé s'attaquer au redoutable Clan des Foot.

Tout à coup, elle entend un bruit de ferraille. L'un des containers semble se déplacer tout seul. L'énorme boîte en métal glisse à même le sol et prend de la vitesse. Terrifiés, les soldats hurlent. L'objet fonce droit sur eux… et les projette dans le fleuve.

Désormais seule sur le quai, April se dirige vers le mystérieux container. Quand elle tend la main pour le toucher, il s'éloigne. Intriguée, elle fait un pas en avant, mais le caisson recule de plus belle. La jeune femme n'en croit pas ses yeux. C'est comme s'il s'amusait à la narguer.

Au bout d'un moment, elle prend son élan et se précipite vers lui. Le container prend aussitôt la fuite le long du quai et s'immobilise une fois revenu à son point de départ. *Il doit forcément y avoir quelqu'un qui le déplace,* se dit April en faisant le tour du container pour percer ce mystère. Mais non : personne. Sa seule découverte est un symbole japonais étrange, tracé à la bombe de peinture d'un côté du caisson. La jeune journaliste sort son appareil et le prend en photo.

CHAPITRE 2

La salle de rédaction de Channel 6 est toujours très animée. Journalistes, présentateurs et producteurs s'affairent à leur bureau ou courent dans les allées. Pas de temps à perdre pour préparer le prochain reportage !

April est en retard. À son arrivée, la réunion du jour a déjà commencé : il faut décider quels seront les sujets présentés aux infos du soir. Bernadette Thompson, la rédactrice en chef, regarde April entrer et s'asseoir. La jeune femme transporte avec elle son ordinateur portable et une impressionnante pile de documents.

– Tiens, tiens, qui voilà ? plaisante Bernadette. Tu arrives juste à temps pour nous proposer une idée de reportage !

Les autres journalistes et les cameramen ricanent. Pour eux, April n'est qu'une débutante. Mais Vern fait un clin d'œil à son amie pour l'encourager.

April prend une grande inspiration. C'est le moment qu'elle attend depuis toujours ! Elle pose son ordinateur sur la table et distribue les papiers qu'elle a apportés.

– Hier soir, j'ai assisté à une tentative de cambriolage sur les docks de Brooklyn, déclare-t-elle. Une vingtaine de membres du Clan des Foot ont essayé de voler des containers.

– Tu en es sûre ? lui demande McNaughton, l'un des reporters présents. Le télex de la police ne mentionnait pas cet incident, ce matin.

– Parce que quelqu'un les a empêchés d'aller jusqu'au bout, répond April.

– Minute, O'Neil, tu vas trop vite ! intervient Bernadette. Qui ça ?

– Vous n'allez pas me croire, mais… je pense que c'était un défenseur isolé. Un guérillero.

– Un guérillero ? répète la rédac' chef sur un ton sceptique. J'espère que tu as des preuves, au moins !

April cherche parmi ses documents et montre la photo du symbole japonais.

– C'était peint sur l'un des containers, explique-t-elle. C'est un idéogramme japonais : le symbole de la famille.

Les autres reporters pouffent de rire, mais April ne se laisse pas démonter.

– Ce même symbole est apparu dans d'autres endroits à travers la ville, poursuit-elle. Les chefs de l'armée japonaise s'en servaient autrefois pour signifier que leurs soldats formaient une grande famille. Qu'ils étaient prêts à se sacrifier les uns pour les autres. Je crois que notre mystérieux héros en a fait sa signature.

Bernadette ne semble pas convaincue.

– Tu n'as rien d'autre ? demande-t-elle.

– Non, admet April. Mais justement, c'est tout l'intérêt de l'histoire ! Quelqu'un a combattu le Clan des Foot sans laisser la moindre trace !

La rédac' chef croise les bras.

– Je t'aime bien, O'Neil, dit-elle. Mais nous sommes ici pour travailler, pas pour plaisanter. Si je t'entends encore une fois me raconter n'importe quoi... eh bien, disons que je n'aurai aucun mal à te trouver une remplaçante !

April baisse la tête. Elle vient de gâcher sa première occasion de passer pour une vraie journaliste.

Une *kunoichi*, une femme ninja, est agenouillée dans une pièce vide éclairée par des bougies. Une silhouette émerge de l'ombre. C'est un homme grand, vêtu d'une tunique sombre. Sa voix est pareille au sifflement d'un serpent.

– Karai. Tu m'as déçu, hier soir, sur les docks.

– Pardon, Maître Shredder, répond la femme en inclinant la tête. Ça ne se reproduira pas.

– En effet, déclare-t-il tandis qu'une lame effilée apparaît entre les pans de sa tunique. Les guerriers qui t'ont attaquée ont un point faible : ils aiment les gens. Utilise ce défaut pour leur tendre un piège… Quitte à sacrifier des vies innocentes, s'il le faut.

– Oui, Maître.

Les vies innocentes ? Karai s'en fiche. Seule compte pour elle l'approbation de son *sensei*, son maître. C'est une combattante redoutable, froide et calculatrice. Même les autres membres du Clan des Foot craignent sa cruauté et sa ruse. Certains disent qu'un lien particulier la relie à Shredder. On chuchote même qu'elle serait sa fille… mais ça, personne n'a jamais pu le prouver.

Ce soir-là, April se retrouve encore à faire un reportage idiot avec Vern. Cette fois, il s'agit d'un gala de charité au profit d'un foyer municipal. La pauvre vient de passer deux heures à interviewer les invités sur leurs robes, leurs costumes et leurs chaussures… Elle n'en peut plus ! Elle s'apprête enfin à partir quand Eric Sacks, l'un des organisateurs de la soirée, monte sur l'estrade.

Eric Sacks est un riche philanthrope, propriétaire de nombreux laboratoires de recherches. Il était l'un des premiers à soutenir le projet du foyer municipal. C'est la raison pour laquelle on lui a demandé de faire un discours à l'occasion de son inauguration.

– Il y a longtemps, déclare-t-il devant la foule, un ami m'a dit quelque chose que je n'ai jamais oublié : la plus belle réussite d'un homme, dans la vie, c'est de toujours donner le meilleur de lui-même.

April lève les yeux. Ces mots lui rappellent quelque chose…

– Depuis, ma philosophie est d'aider les autres à accomplir cet objectif grâce à mes sociétés : Sacks BioMed, Sacks

Robotic et Sacks Construction. Ce nouveau foyer municipal est un pas de plus dans la bonne direction.

April écarquille les yeux. Aucun doute : c'est ce même Eric Sacks qui a travaillé avec son père, il y a des années !

– Tous ensemble, donnons-nous la main pour atteindre ce rêve, poursuit le milliardaire. Je profite de cette occasion pour annoncer une bonne nouvelle : Sacks Security vient de signer un gros contrat avec le maire de New York. À partir d'aujourd'hui, nous sommes donc engagés dans la lutte contre la vague de crimes perpétrés par les gangs masqués. Grâce à notre technologie et au soutien des habitants, nous allons nous débarrasser de ces criminels ! New York redeviendra bientôt la plus belle ville du monde !

Les invités applaudissent. Sacks descend de l'estrade. April va à sa rencontre pour se présenter.

– Ça alors ! s'exclame-t-il.

Il n'a pas revu la jeune femme depuis l'enterrement de son père.

– Je tenais à vous dire que vos paroles m'ont émue, dit la journaliste. J'espère moi aussi me montrer digne de mon père, un jour.

Sacks lui adresse un sourire chaleureux.

– Vous êtes déjà en bonne voie, chère mademoiselle. Journaliste pour Channel 6, ça n'est pas rien !

– J'ai encore beaucoup à apprendre, répond April en songeant à la réunion de ce matin.

– Tant que vous donnerez le meilleur de vous-même, votre père sera fier de vous, affirme Sacks. Ne laissez pas les autres vous décourager sous prétexte que vous faites des choix différents des leurs.

Sur ces mots, il lui serre la main et se dirige vers la sortie.

CHAPITRE 3

Un peu plus tard, April et Vern roulent dans leur camionnette pour regagner les locaux de Channel 6. La jeune femme est silencieuse. Elle pense encore aux paroles de Sacks quand, soudain, elle aperçoit des gens qui courent sur le trottoir.

Elle se tourne vers son ami. Le caméraman voit la lueur d'excitation qui brille dans son regard.

– Non, non, non, O'Neil. C'est hors de question, déclare-t-il d'une voix ferme.

Mais avant même qu'il termine sa phrase, April a déjà sauté hors de la fourgonnette. Vern pousse un gros soupir.

La foule, effrayée, semble sortir du métro. April se fraye un chemin à contresens pour descendre les marches et aller voir ce qui se passe. En bas, c'est la panique totale. La station de métro grouille de Soldats du Clan des Foot. April se cache dans un coin pour ne pas se faire repérer. Trop tard : un groupe d'hommes l'attrapent par-derrière. Ils la poussent à travers les tourniquets et la conduisent sur le quai.

Là, le Clan des Foot retient plusieurs personnes en otage. April est menée de force à l'avant du groupe. Elle peut ainsi observer la chef des soldats : une femme aux cheveux noirs. C'est la seule à ne pas porter de masque.

– Nous savons que vous êtes là ! hurle la femme en direction du tunnel. Si vous ne vous rendez pas, nous commencerons à exécuter les otages !

À qui parle-t-elle ? se demande April. Les seules personnes présentes dans le métro sont les Soldats du Clan des Foot et leurs otages. Soudain, elle comprend : il doit s'agir du fameux guérillero de l'autre soir… le super-héros qui a empêché le vol sur les docks ! Cette opération a pour seul but de l'obliger à se rendre.

Il faut absolument que je prenne une photo, se dit la jeune journaliste. Lentement, elle sort son téléphone.

– Dernier avertissement ! hurle la femme aux cheveux noirs.

Elle lève son arme et la pointe en direction d'April et des otages.

– TROIS… DEUX… UN !

April ferme les yeux. Tout à coup, de la

musique retentit. April rouvre les yeux et allume son téléphone. À cet instant, les lumières de la station de métro se mettent à clignoter en rythme. Les Soldats du Clan des Foot semblent pris au dépourvu.

Puis la musique s'arrête et la station se retrouve plongée dans le noir.

Un train express passe sur les rails à toute vitesse dans un fracas de ferraille. Affolés, les Soldats du Clan des Foot ne voient pas deux *saïs* passer en sifflant devant eux. Leurs lames jumelles fendent l'air et clouent l'un des soldats au mur par ses vêtements.

Ce dernier hurle. Dans la station, c'est la panique. Comme la veille, le Clan des Foot est attaqué. Les soldats se retrouvent soulevés en l'air et jetés sur toute la longueur du quai. La femme aux cheveux noirs perd l'équilibre, comme si on l'avait poussée. Les otages en profitent pour s'échapper.

April ne voit pas qui est en train de les aider… mais c'est forcément le super-héros de l'autre soir !

Il a le sens de l'humour, en tout cas. Avant de comprendre ce qui leur arrive, la moitié des Soldats du Clan des Foot se retrouvent le pantalon baissé. Leurs têtes s'entrechoquent comme des noix de coco. L'un d'eux est même projeté au ras du sol, façon boule de bowling, et renverse ses camarades comme des quilles. En quelques minutes, le mystérieux défenseur met tout le Clan des Foot ou presque hors d'état de nuire. Les derniers soldats encore debout, y compris leur meneuse, prennent la fuite. Tandis que les otages se précipitent vers la sortie, April s'élance en courant sur le quai. Elle espère avoir un meilleur aperçu du héros. Au loin, elle distingue une silhouette en train de s'engouffrer dans un conduit de ventilation. Elle lève son téléphone… trop tard. Il a disparu !

Lorsqu'elle arrive sur place, la trappe est fermée de l'intérieur. Impossible de l'ouvrir. Mais le conduit doit forcément mener quelque part. April retraverse la station et monte les marches pour sortir à l'air libre. Devant elle, à une cinquantaine de mètres, elle repère une cheminée de ventilation qui grimpe le long de la façade d'un immeuble.

Juste à côté, il y a un vieil escalier de secours en métal. La jeune femme se précipite. Elle monte haut, très haut, et finit par repérer à nouveau la silhouette. L'homme est sur le toit, en train de courir !

– ATTENDEZ ! lui crie April. S'il vous plaît !

Au son de sa voix, l'homme s'arrête. April continue à monter l'escalier. Elle n'est plus qu'à quelques mètres du toit et du guérillero… bref, à quelques mètres du plus gros scoop de sa carrière !

CHAPITRE 4

Une main de fer attrape April par le poignet et la hisse sur le toit.

On dirait que c'est mon gros scoop qui m'a rattrapée, se dit-elle.

– Heu… Superman ? demande-t-elle, hésitante.

– Oui, c'est moi, répond une voix. J'ai l'air très différent vu de près.

Le défenseur solitaire fait un pas en avant pour montrer son visage. Sous le choc, April a un mouvement de recul. Devant elle se tient une tortue immense… sauf que ce n'est pas tout à fait une tortue. C'est aussi un homme. Enfin… si on veut. Au lieu d'être grand, sombre et séduisant, il est grand, vert et musclé. Avec une tête ronde et une carapace sur le dos. Il porte aussi un bandana orange noué autour de la tête avec des trous à la place des yeux. Une paire de *nunchaku* pend à sa ceinture.

April se met à crier de peur.

– Eh, calmos ! s'exclame la tortue en levant la main. C'est juste un masque.

April pousse un soupir de soulagement. C'est donc un guérillero masqué. La tortue détache son bandana et révèle entièrement son visage… de tortue. April en reste bouche bée. Elle n'a jamais vu une créature pareille. Son premier réflexe est de s'enfuir.

Elle tourne les talons et file droit devant elle… pour se heurter au torse musclé d'une autre tortue ! Celle-ci ressemble comme deux gouttes d'eau à la première, sauf que son bandana est violet. Un *bo* pend en travers de son dos. Cette tortue-là scanne April à l'aide d'un appareil étrange.

– Je détecte des signes d'hypotension et d'hypoperfusion. Je pense qu'un malaise vagal est imminent.

April hurle. Elle fait volte-face… et percute une troisième tortue. Celle-ci porte un bandana bleu, et une épée *katana* est attachée à sa taille.

– Respirez profondément, madame. On ne vous veut aucun mal.

April s'éloigne à reculons et bouscule la quatrième et dernière tortue du groupe. Celle-ci lui jette un regard furieux derrière son bandana rouge. Deux *saïs* sont enfoncés dans sa ceinture. Elle arrache le badge qu'April porte à son cou. C'est la dernière chose dont la jeune femme se souvient avant de s'évanouir.

À son réveil, April est toujours sur le toit. Les quatre tortues sont penchées au-dessus d'elle.

– Est-ce qu'elle va bien, Donnie ? demande Leonardo, la tortue bleue.

C'est le leader du groupe. Il se sent responsable de la sécurité de tout le monde.

Donatello, le cerveau du groupe avec son bandana violet, consulte ses appareils.

– Tout semble revenu à la normale, déclare-t-il.

– Bon boulot, Mikey ! Tu mérites une médaille d'or, lance la tortue rouge avec sarcasme.

Son nom est Raphael. La présence de leur nouvelle invitée ne l'enchante pas vraiment.

– Leo, pourquoi est-ce qu'on perd notre temps avec cette primate ? reprend-il. Mikey, jette-la du toit !

– Non, répond Leonardo. Nous sommes censés protéger les humains. C'est la première règle que nous a apprise notre Maître.

– Ah oui ? Je croyais que c'était de rester invisible ! réplique Raphael en brandissant le téléphone d'April.

La jeune femme se jette sur lui, mais deux des autres tortues la maintiennent. Raphael plisse les yeux, indigné. Comment cette fille ose-t-elle s'en prendre à lui ? Il s'avance vers elle, l'air menaçant.

– Arrête, Raphael ! ordonne Leonardo.

La tortue géante obéit. Il est temps pour le groupe de repartir.

Donatello récupère le téléphone des mains de Raphael. En quelques gestes rapides sur l'écran, il apprend le nom d'April et efface toutes ses photos.

– Et voilà, plus aucune trace ! déclare-t-il.

Leonardo regarde la jeune femme droit dans les yeux. Il cherche à l'intimider.

– Pas un mot à quiconque de ce que tu viens de voir, dit-il d'une voix grave. Sinon, on saura où te retrouver.

Les quatre Tortues disparaissent dans l'ombre. April les regarde courir, prendre leur élan et bondir de toit en toit. Avant qu'elles disparaissent, elle parvient à prendre une seule photo. Floue.

La journaliste secoue la tête. Elle n'arrive pas à croire ce qui vient de lui arriver. Ce n'est pas un super-héros qui a sauvé les otages du métro, mais quatre. Et ces quatre super-héros sont… des tortues.

Aux noms étrangement familiers.

CHAPITRE 5

– Qu'est-ce qu'on va dire au grand patron ? demande Michelangelo.

Ses frères et lui parcourent le labyrinthe des égouts pour regagner leur repaire souterrain.

– La vérité, répond Leonardo. Pourquoi mentir ?

– Tu parles comme un vrai scout, pouffe Raphael.

Leonardo s'arrête net.

– Tu crois que c'est moi qui ai voulu être le chef, Raph ? l'interroge-t-il. Splinter m'a choisi. Je fais juste mon travail.

– Pfff, soupire Michelangelo.

Le silence s'abat. Les Tortues se remettent en marche. Bientôt, elles arrivent à leur repère : une ancienne salle de contrôle des égouts, remplie du *nec plus ultra* en matière d'équipements pour Tortues Ninja adolescentes. Il y a une télé géante, plusieurs ordinateurs, les dernières consoles de jeux vidéo et même une rampe pour skateboard.

Les Tortues ôtent leurs armes. Elles sont fatiguées après cette longue nuit passée à combattre le crime.

– Si on sauve assez de gens, si on fait suffisamment le bien… on sera peut-être enfin acceptés là-haut, dit Michelangelo en pointant un doigt vers la surface.

– Grandis un peu, Mikey ! rétorque Donatello.

Un gros rat sort de l'ombre. Ce n'est pas un rat comme les autres : c'est Splinter, le professeur et le mentor des quatre Tortues. Contrairement à la plupart des rongeurs de son espèce, il marche debout, sur ses deux pattes arrière, en s'aidant d'une canne. Sa fourrure est grise, et il a de longues moustaches de vieux sage.

– Où êtes-vous allés, ce soir, mes enfants ? leur demande-t-il.

– Oh, ici et là, répond Michelangelo. Nulle part en particulier. Je ne m'en souviens même plus.

Splinter est mécontent de sa réponse. Leonardo le voit bien. Mais peut-être vaut-il mieux ne pas lui raconter leurs aventures de la soirée. Il garde donc le silence, et ses frères font comme lui.

Splinter caresses ses moustaches.

– Un petite séance d'entraînement vous aidera peut-être à retrouver la mémoire…

Les Tortues grognent. La séance d'entraînement est un supplice : il faut rester sans bouger dans une position difficile afin de méditer. Michelangelo se tient en équilibre sur un doigt, des poids posés sur ses pieds. Leonardo fait le grand écart entre deux chaises avec des œufs sur la tête et au creux des mains. Le front de Donatello transpire à grosses gouttes. Raphael a mal à tous ses muscles.

Mais Splinter décide de tester la résistance de ses fils… avec l'épreuve de la pizza !

Il place un carton de pizza à côté de Michelangelo. L'odeur délicieuse de la pâte et du fromage lui chatouille les narines.

– Beaucoup de gens apprécient la pizza trois fromages, déclare Splinter. Mais peu connaissent la… quatre-vingt-dix-neuf fromages !

Sur ces mots, il ouvre le couvercle, révélant la pizza à l'intérieur.

– Assez, je n'en peux plus ! s'écrie Michelangelo en s'écrasant par terre. On est allés à la surface ! On a empêché un crime ! On a rencontré une jolie fille prénommée April O'Neil ! Je veux de la pizza !

– On a été vus, confesse Leonardo.

– Grâce à Mikey, marmonne Raphael.

– Silence, Raphael ! gronde Splinter. Vous êtes des frères. Vous vous battez entre frères, vous mourrez entre frères ! Si l'un de vous a été vu, vous êtes tous responsables.

– C'est une journaliste, Sensei, explique Donatello. Mais j'ai effacé le contenu de son téléphone. Elle n'a plus une seule photo de nous.

Splinter ne dit plus rien. Il reconnaît le nom de cette journaliste. De vieux souvenirs lui reviennent en mémoire. Il y avait un laboratoire… et un incendie…

– April O'Neil, déclare-t-il enfin en posant une main sur son front. Si elle sait que vous êtes en vie, elle court un très grand danger. Vous devez la protéger.

Les Tortues se regardent, perplexes.

– Mais, Sensei… pourquoi ? s'étonne Leonardo.

– Parce que, mes enfants, elle vous a sauvé la vie, dit Splinter.

– De quoi est-ce que vous parlez ? demande Raphael.

Splinter rejette sa question d'un geste.

– Vous aurez toutes les réponses en temps voulu, répond le rongeur d'un ton énigmatique. Souvenez-vous, mes enfants : votre fraternité est mise à l'épreuve. Si vous voulez rentrer à la maison sains et saufs, vous devez combattre comme des frères. Comme une famille.

Les Tortues échangent des regards. Elles n'en croient pas leurs oreilles… Tout ça à cause d'une petite journaliste du nom d'April O'Neil !

CHAPITRE 6

April entre en trombe dans son appartement et découvre sa colocataire, Taylor, en train d'utiliser son ordinateur portable. Elle lui prend aussitôt l'appareil des mains.

– Eh, j'ai besoin de mettre à jour mon blog ! proteste Taylor.

Mais April ne l'entend pas. Elle pianote déjà à toute vitesse sur son clavier.

– Tu ne croiras jamais ce que j'ai vu ce soir, dit-elle. Tu te souviens de mon enquête sur le guérillero solitaire ?

Taylor hoche la tête. Elle ne comprend pas un mot de ce que lui raconte alors April : des otages, des ninjas, des héros sur un toit… C'est très confus.

– Tu es en train de me dire que ton mystérieux guérillero est un super-héros qui combat le crime avec une cape ?

– Tu m'écoutes, ou quoi ? s'énerve April. J'ai parlé de *ninja*, pas de *super-héros*. Et aucun d'eux ne porte une cape.

– Ah bon, ils sont plusieurs ? Tu as eu le temps de prendre leurs numéros ? Ils sont mignons ?

April secoue la tête. Cette discussion est une perte de temps. Elle file dans sa chambre et claque la porte.

Elle passe l'heure suivante à chercher des infos sur les tortues, les ninjas et les symboles japonais. Puis elle va récupérer un vieux carton au fond de son armoire. Elle en sort une petite cassette vidéo qu'elle n'a pas revue depuis des années. Elle l'insère dans sa caméra et presse le bouton. Une fillette apparaît sur l'écran. C'est elle, à l'âge de huit ans.

– Ici April O'Neil en direct du laboratoire de mon papa, déclare-t-elle en regardant bien l'objectif de la caméra. Je sais, ça n'a pas l'air très marrant, dit comme ça, mais il se passe de drôles de choses là-dedans. Suivez-moi !

April se souvient très bien de ce jour-là. Elle était allée espionner son père dans son laboratoire sur la pointe des pieds, munie de sa caméra. Elle savait qu'elle n'avait pas le droit de venir. Le Dr O'Neil, travaillait sur une expérience pour Eric Sacks.

La vidéo montre des rangées d'éprouvettes, de vases à bec, de machines ronflantes et de cages en verre. Celles-ci contiennent des animaux de laboratoire. April aimait particulièrement les quatre bébés tortues. Chacune avait la carapace peinte d'une couleur différente : bleue, orange, violette et rouge. Elles étaient joueuses et curieuses. Leurs noms étaient Leonardo, Michelangelo, Donatello et Raphael. Elles jouaient, dormaient et mangeaient sous le regard attentif du rat qui vivait dans la cage voisine.

– Observez les habitudes alimentaires étranges de ces tortues en captivité, poursuit la petite April à l'écran.

Elle ramasse une part de pizza dans un carton presque vide à côté et le dépose dans l'aquarium. En reniflant l'odeur de fromage, les tortues ouvrent de grands yeux. À l'aide de leurs petites pattes, elles se dirigent vers la pizza pour la dévorer.

April arrête la vidéo. Tout cette histoire est incroyable… Pourtant, elle commence à comprendre certaines choses. Elle qui voulait un scoop, la voilà servie ! La jeune journaliste ressort de sa chambre, exténuée, mais aux anges. Elle s'affale sur le canapé.

Dans la cuisine, Taylor chuchote au téléphone :

– Je crois qu'elle est en train de perdre la boule, maman… Je veux revenir habiter à la maison !

Bernadette Thompson déteste qu'on la fasse venir au bureau à 5 heures du matin. April la retrouve devant la porte de la salle de rédaction. La jeune femme est excitée comme une puce.

– Nous avons déjà parlé du mystérieux super-héros qui combat le Clan des Foot, commence-t-elle. Je vous ai dit que je l'avais croisé sur les docks, mais que je ne l'avais pas bien vu.

Bernadette soupire.

– Oui, on en a déjà parlé, O'Neil. Il n'y a pas la moindre preuve de l'existence de cet homme.

– Cette fois, je l'ai vu. Enfin, pas que lui. Ils sont quatre, déclare April.

– Très bien, O'Neil, je vous écoute. À quoi ressemblent-ils ? demande Bernadette avec sarcasme.

– Ils étaient poisseux et verts.

– Verts ? répète la rédactrice en chef, incrédule.

– C'est leur couleur naturelle, explique April. Ce sont des tortues de laboratoire. Sauf qu'elles ont grandi. Elles mesurent toutes un mètre quatre-vingts ! Et elles savent parler !

Bernadette Thompson est ébahie. Elle n'a jamais rien entendu d'aussi insensé !

April lui raconte en détail tout ce qu'elle a appris depuis hier soir. Elle a reconnu l'idéogramme japonais – celui qui symbolise la famille, car elle l'avait déjà vu, il y a des années, dans le laboratoire de son père. Elle s'est souvenue qu'il faisait des expériences pour Eric Sacks. C'est aussi dans le labo de son père qu'elle a vu les tortues pour la première fois. Elles faisaient partie de l'expérience. Elles ont dû subir une mutation à la naissance. La jeune femme en est certaine !

– Résumons, intervient Bernadette. Vous êtes en train de me dire que les guerriers qui combattent Shredder et le Clan des Foot sont des Tortues Ninja mutantes ?

– Exactement ! s'exclame gaiement April. Et je crois que ce sont des adolescents, en plus.

– Je vois, commente Bernadette en hochant la tête. Des Tortues Ninja mutantes… Maintenant que vous me le dites, tout s'explique !

– Vraiment ?

La réponse de la rédac' chef ne se fait pas attendre : April est renvoyée.

La jeune femme n'a même pas le temps de montrer sa photo floue des quatre tortues en train de courir sur les toits.

Un peu plus tard, Vern propose à April de la ramener chez elle dans la camionnette de Channel 6. C'est le moins qu'il puisse faire pour la consoler. Mais la jeune femme a une autre idée en tête…

– Je veux passer voir Eric Sacks, déclare-t-elle.

Son petit doigt lui dit que le riche homme d'affaires joue un rôle central dans cette énigme.

– Ah non, O'Neil ! rétorque Vern. Il faut que tu fasses une croix sur cette histoire !

April lui jette un regard en coin.

– Tous ces grands reporters avec lesquels tu as soi-disant travaillé, ils ont fait une croix sur leurs histoires, eux aussi ?

– On veut jouer à la plus maligne, hein ? s'amuse Vern. Très bien. Je t'emmène chez Sacks. Mais je te dépose devant la grille et je n'entre pas. Si Thompson l'apprend, elle risque de me transformer en chair à saucisse.

April lui sourit.

– Imagine, Vern : toute ta vie, tu pourras dire à tes amis que tu as aidé April O'Neil à décrocher son premier scoop !

Vern fait la grimace. Il a le sentiment qu'il va regretter sa décision…

CHAPITRE 7

La propriété d'Eric Sacks est située à quelques kilomètres au nord de New York. C'est une demeure imposante, nichée au cœur des montagnes. En pleine ville, c'est le printemps, mais ici, il y a encore de la neige ! April grelotte de froid dans sa petite veste jaune.

Elle s'approche du portail et indique son nom au gardien. La grille s'ouvre. La jeune femme s'engage sur le petit sentier qui mène jusqu'à la maison. À sa vive surprise, Eric Sacks en personne vient lui ouvrir la porte. Il l'accueille chaleureusement.

– Désolée de débarquer comme ça à l'improviste, s'excuse April. J'aurais dû téléphoner d'abord à votre secrétaire, mais je préfère que notre entrevue reste secrète.

Intrigué, Sacks l'invite à entrer.

– J'enquête sur le mystérieux défenseur qui protège New York. Or je viens de faire une découverte majeure. Ils sont plusieurs... et je crois que c'est mon père et vous qui les avez créés !

Sacks s'arrête net.

– C'est impossible, bafouille-t-il. Toutes nos recherches ont brûlé dans l'incendie. Nos notes de travail, nos spécimens... tout ce qui était rattaché au Projet Renaissance !

– Non, vous n'avez pas tout perdu, répond April.

Elle sort son téléphone portable de sa poche. Sur l'écran apparaît une photo floue des quatre tortues mutantes.

Sous le choc, Sacks sursaute. Il plisse les yeux. Il reconnaît les créatures. Depuis quinze ans, il essaie de reproduire les expériences qu'il a menées avec le Dr O'Neil… sans succès. Mais aujourd'hui, les résultats de ces expériences sont là, sous ses yeux !

– Les tortues sont encore en vie, souffle April. Je les ai vues.

– C'est incroyable…

Sacks pose une main sur l'épaule de la jeune femme et l'emmène dans un grand salon. Des bougies éclairent délicatement la pièce. Les murs sont dissimulés par de superbes paravents japonais. Les dessins qui les recouvrent décrivent un épisode terrible de l'histoire du Japon.

– Je suis né sur une base militaire, au pays du Soleil Levant, explique Sacks. J'y ai beaucoup appris, notamment sur l'histoire japonaise. Ces paravents racontent l'épidémie de peste qui a ravagé la population. Les gens mouraient, c'était le chaos... Un guerrier très cruel en a profité pour s'emparer du pouvoir. S'ensuivit une longue période de malheurs et de brutalité pour les habitants.

« Je n'étais qu'un enfant, à cette époque. Mais je me suis juré de faire tout mon possible pour que cela ne se reproduise jamais. J'ai appris les arts martiaux grâce à un maître japonais. Il a décelé un don en moi. Il m'a pris sous son aile, et m'a formé dans son dojo. Il pensait qu'avec de la concentration et de la discipline, l'esprit humain était capable de tout. Nous sommes tous capables d'accomplir de grandes choses.

Sacks regarde fixement April.

– C'était l'objet de nos recherches, avec

votre père. Nous voulions trouver un remède aux maladies qui avaient causé tant de mal au Japon, il y a longtemps. Ces tortues cachent un secret, inscrit dans leur sang. Et ce secret peut sauver le monde. En les retrouvant, vous avez rendu un immense service à l'humanité. Votre père serait fier de vous.

April est émue aux larmes. Sacks la ramène jusqu'à la porte d'entrée. Là, il glisse dans sa main une petite carte.

– Surtout, appelez-moi en cas de besoin. Nous allons retrouver ces tortues ensemble et achever les travaux de votre père.

Après le départ d'April, Sacks descend au sous-sol. Il s'engouffre dans un labyrinthe de galeries. Il connaît ces tunnels par cœur. Ils mènent à une série de pièces secrètes et de laboratoires. L'homme tapote un code sur un clavier dissimulé dans un recoin. Une porte s'ouvre. Il pénètre dans un dojo souterrain. Au centre de la pièce, une imposante silhouette sombre est agenouillée. Sacks s'adresse à elle sur un ton à la fois excité et respectueux.

– Sensei, j'ai d'incroyables nouvelles. Les combattants qui nous ont causé tant d'ennuis ont été localisés. Ce sont les tortues que j'utilisais autrefois pour mes expériences. D'ailleurs, c'est la fille de mon ancien partenaire qui les a retrouvées. Amusant, non ? Nous avons passé tant de temps à les chercher… et c'est elle qui nous apporte l'information !

Le maître se lève.

– T'a-t-elle dit où les trouver ?

– Non, dit Sacks, mais nous le saurons bien assez tôt. J'enverrai une équipe pour capturer les Tortues… et alors, nous aurons tout ce qu'il faut pour mener à bien notre plan.

Le maître hoche la tête. Il montre rarement ce qu'il pense, alors ce simple petit geste en dit long. Sacks est ravi d'avoir satisfait son mentor, celui qui lui sert de guide depuis son enfance au Japon.

– Ce n'est pas tout, ajoute-t-il en conduisant son maître dans une antichambre. Votre nouvelle armure est prête !

L'habit de métal est suspendu au milieu de la pièce. Il luit d'un éclat cruel à la lumière de la lampe. La cuirasse est composée de plaques de fer qui s'entrecroisent. Le casque rappelle un ancien masque de shogun. Les brassards, les gantelets et les jambières sont incrustés de lames. Celles-ci sont longues et courbées, conçues exprès pour déchiqueter tout ce qu'elles touchent.

– Mes spécialistes en robotique viennent juste de la finir, murmure Sacks. C'est le trait d'union parfait entre les amures traditionnelles et la technologie moderne.

À nouveau, le maître acquiesce. Il est fin prêt à mener son armée, le Clan des Foot, contre les Tortues et la ville de New York.

Plus rien ne pourra l'arrêter, lui, Shredder !

– Ce soir, je mangerai de la soupe de tortues, siffle-t-il.

CHAPITRE 8

Quand Vern la dépose chez elle, plus tard dans la soirée, April est folle de joie. Enfin, elle a trouvé le sujet de reportage idéal… et en plus, elle va pouvoir achever le travail de son père. Mais tout dépend des Tortues, et elle ne sait pas comment les retrouver. Elle décide donc de faire ce que les journalistes font le mieux : mener l'enquête.

La jeune femme allume son ordinateur. Aussitôt, l'écran s'anime en une explosion de sons et de couleurs. Une musique de jeux vidéo résonne dans les haut-parleurs et une tortue animée traverse l'écran en *moonwalk*.

– Votre ordinateur a été piraté par Donatello, le petit génie de l'informatique ! annonce une voix enregistrée.

April lit la suite du message. Elle ne peut s'empêcher de rire. C'est vraiment trop mignon... Les Tortues lui donnent rendez-vous ce soir, sur le toit où elle les a rencontrées.

Eh bien, se dit-elle. *Ce n'était pas si compliqué de les retrouver, finalement !*

Une heure plus tard, April est sur le toit de l'immeuble. Autour d'elle, les lumières et les bruits de New York emplissent la nuit. La jeune femme sent un souffle d'air la frôler. Soudain, elle réalise qu'il y a quelqu'un derrière elle.

– Bonsoir, beauté, dit Michelangelo en sortant de l'ombre. Prête à passer une soirée de rêve ?

– C'est pas un rendez-vous galant, dit Leo.

– Ça non, renchérit Donatello. Et puis, c'est moi qui ai envoyé l'invitation. Alors si quelqu'un a la priorité, c'est moi ! Tu aimes la manière dont j'ai piraté ton ordinateur ? demande-t-il à April. J'ai écrit le programme moi-même. J'ai l'habitude de travailler sur des machines plus rapides, mais j'ai quand même bien réussi avec le tien.

Raphael bouscule ses frères pour se placer au premier rang.

– On n'a pas le temps de bavarder. Conduisons-la à notre repère. Mais avant, il va falloir lui bander les yeux.

April n'a même pas le temps de réagir. Elle se retrouve plongée dans le noir. Elle a l'impression qu'on lui a mis un sac sur la tête. Un bras l'attrape fermement par la taille, et elle se sent soulevée du sol. Tout à coup, elle se retrouve à voler dans les airs, tête en bas.

Mon Dieu, je suis tombée du haut du toit ! se dit-elle… juste avant de perdre connaissance.

À son réveil, April se trouve dans le repère souterrain des Tortues. Michelangelo, ravi de l'accueillir, l'emmène faire une visite privée des lieux.

– Vous vivez ici ? Dans les égouts ?

– Oui ! C'est génial, non ?

April a un sourire gêné. « Génial » n'est pas le mot qu'elle aurait employé.

Michelangelo la guide à travers une série de tunnels. Il la conduit d'abord dans la vaste salle informatique de Donatello, puis dans la salle d'entraînement où les Tortues affinent chaque jour leur maîtrise des arts martiaux. Cette pièce contient toute sorte d'accessoires et d'équipements. Au milieu, Leonardo et Raphael font face à deux mannequins aux mouvements robotiques.

– On n'aurait jamais dû l'emmener ici ! s'exclame Raphael en se défoulant sur le mannequin. On devrait être dehors, en train de combattre le Clan des Foot et de traquer Shredder !

– Notre priorité absolue était April, répond Leonardo calmement. Maintenant qu'elle est là, nous pouvons préparer notre stratégie et chercher l'endroit où se cache Shredder.

Mais Raphael n'est pas convaincu par ce programme. Il n'a pas envie de discuter.

Ce qu'il veut, c'est passer à l'action. Dans sa colère, il casse son mannequin d'entraînement en mille morceaux.

Leonardo pousse un soupir. Il en a assez que Raphael s'oppose toujours à ses décisions.

– C'étaient les instructions de Splinter, souviens-toi.

– Si j'étais tout seul, je serais dehors en train de faire mon boulot, grogne Raphael.

Il saisit l'un de ses *saïs* et regarde son frère en plissant les yeux. Leonardo ne tourne jamais le dos quand on lui lance un défi : à son tour, il sort son *katana*. Les deux Tortues se jettent l'une sur l'autre.

En entendant le bruit de l'affrontement, Splinter accourt dans la pièce et sépare ses deux enfants. Leonardo et Raphael s'éloignent à reculons sous le regard déçu de leur vieux maître.

Splinter s'assoit avec April. Les quatre Tortues se tiennent à l'écart.

– La dernière fois que je vous ai vue, je n'ai pas eu le temps de vous remercier, déclare le rongeur.

– Me remercier ? Mais, de quoi ?

– De nous avoir sauvé la vie, répond Splinter. Vous ne le savez pas encore, mais vous êtes une guerrière, Mademoiselle O'Neil. Votre destin est de combattre à nos côtés contre les forces du mal.

Splinter pose sa canne et se lance dans un long récit. April connaît cette histoire. Au fur et à mesure que le maître parle, elle se souvient de la nuit affreuse où son père est mort.

Le Dr O'Neil était venu la voir en pleine nuit. Il l'avait réveillée pour lui dire qu'ils devaient partir en voyage. Sur-le-champ. L'air était rempli de fumée et du mugissement des alarmes anti-incendie. Elle avait tout de suite compris que le laboratoire était en feu. Or elle refusait d'abandonner les animaux derrière elle.

Courant à travers la fumée, elle avait gagné le laboratoire. Les quatre tortues et le rat étaient chacun blottis dans un coin de leurs cages. Vite, elle avait ouvert les portes, pris les animaux dans ses bras et couru vers la sortie. Une fois dehors, elle avait déposé les tortues et le rat près d'une bouche d'égout. Elle s'apprêtait à repartir à l'intérieur quand soudain, le bâtiment tout entier avait explosé !

La déflagration était si forte qu'April avait été soulevée du sol. Elle était retombée sur le trottoir et avait perdu connaissance.

– Ton père a détruit le laboratoire parce qu'il a découvert que son partenaire était un traître, explique Splinter. Eric Sacks voulait utiliser le fruit de leurs recherches à des fins maléfiques. Il ne voulait pas guérir les maladies… Il voulait créer une nouvelle forme de peste !

April est stupéfaite. Cette histoire est ancrée dans sa mémoire depuis si longtemps… et pourtant, elle ne connaissait pas toute la vérité.

Raphael est bouche bée. Lui non plus, il n'en revient pas. Cette fille maigrichonne lui a sauvé la vie ? Leonardo lui donne un coup de coude pour le rappeler à ses devoirs. Les quatre frères s'inclinent et murmurent des remerciements.

– Et ce n'est pas tout, poursuit Splinter. Quand vous nous avez relâchés, nous avons erré dans les égouts comme des bêtes apeurées. Je ne savais pas comment m'occuper de ces petites tortues. Mais je me suis alors souvenu de la manière dont votre père vous aimait et vous protégeait. Et aussi de la façon dont vous preniez soin de nous, au laboratoire. J'ai compris que je devais protéger ces tortues comme mes enfants.

Splinter raconte ensuite à April comment

le gène mutant a opéré peu à peu. Le développement des Tortues était fascinant à observer : elles sont devenues plus grandes, plus fortes et plus intelligentes que les animaux ordinaires. Mais Splinter était inquiet. Ses enfants étaient devenus trop différents… monstrueux, diraient certains. Le monde extérieur ne les accepterait jamais.

– Vous vous souvenez à quoi on jouait, quand on était tout petits ? dit Michelangelo. « Le jeu des seaux » ?

Leonardo sourit et hoche la tête. Ils adoraient jouer à cela dans les égouts. Il suffisait de suspendre une série de seaux aux conduits du plafond. Seule, aucune des Tortues n'était capable de sauter si haut. Mais en unissant leurs forces, elles pouvaient sauter et toucher les récipients. Une première Tortue s'accroupissait et les autres prenaient leur élan pour bondir sur sa carapace. Bientôt, elles avaient réussi à maîtriser toutes sortes de pirouettes en rebondissant contre les murs et les seaux.

– Oui, Michelangelo, répond Splinter. C'était le temps des jeux. Mais sans le savoir, vous vous entraîniez déjà. Je devais vous apprendre à vous défendre seuls. J'avais lu un livre intitulé *L'Art du Ninja*, et j'ai su que c'était la solution.

« Pendant des années, j'ai protégé mes enfants du monde extérieur. Mais, tôt ou tard, il fallait bien que le monde extérieur nous rattrape, conclut le rongeur avec tristesse.

April a écouté attentivement son récit et intégré les informations au fur et à mesure. Tout à coup, elle est frappée par une terrible révélation.

– Je ne mérite pas vos remerciements, murmure-t-elle d'un air inquiet. Si Sacks est un traître, alors j'ai commis une grave erreur. Je lui ai dit que je vous avais vues.

Il est au courant de votre existence... à cause de moi ! Je suis sûre qu'il m'a fait suivre depuis que je suis partie de chez lui.

Horrifiée, la jeune femme sort la carte de Sacks de sa poche. Elle vient de comprendre : c'est un mouchard. L'homme d'affaires s'est servi d'elle.

– En effet, déclare Spinter. Le gêne mutant contenu dans notre sang est très précieux pour lui. Il nous poursuivra sans relâche, jusqu'à ce qu'il nous retrouve. Mais nous serons prêts à l'accueillir. Nous formons une famille, et nous le combattrons en famille.

Soudain, une sirène d'alarme déchire le silence. Une explosion fait trembler les murs du repère.

L'heure de l'affrontement a sonné plus tôt que prévu !

CHAPITRE 9

Tous les écrans de contrôle de la salle d'entraînement s'allument. À l'écran, des dizaines de Soldats du Clan des Foot marchent sur le repère des tortues.

BOUM !

Une deuxième explosion secoue les salles souterraines. Raphael est projeté au fond des égouts. April se retrouve coincée sous une montagne de gravats.

Dans leur chambre, Leonardo, Donatello et Michelangelo s'extirpent péniblement de sous les débris. Un épais nuage de fumée flotte tout autour. On y voit à peine. Les Tortues s'emparent de leurs armes et se précipitent à la recherche de Splinter et des autres.

Le vieux maître a été projeté à travers la salle à manger. La fumée noire l'empêche de voir. Il ferme les yeux. Il connaît une force encore plus puissante que la vision... Le rongeur entre en méditation. Au bout d'un moment, il sent une présence maléfique tout près. Lorsqu'il rouvre les yeux, Shredder se tient devant lui.

– Je viens récupérer ce qui m'appartient, déclare Shredder sur un ton menaçant.

– Nous n'appartenons à personne, rétorque Splinter.

L'armure mécanique de Shredder jure par contraste avec la modeste tunique du rat. Des lames acérées sortent de ses épaules et forment des griffes au bout de ses doigts. Elles sifflent dans la fumée quand il fait un pas en avant.

Splinter fait tournoyer sa canne comme un bâton. Sa queue ondule derrière lui, prête à frapper.

Shredder est déterminé à capturer les Tortues. Gare à celui qui osera se dresser sur son chemin ! Il se jette en avant et fend l'air de ses griffes pointues.

Splinter esquive l'attaque. Il n'est pas aussi fort que Shredder dans son armure super-puissante, mais il a le cœur et l'âme d'un guerrier. Il est vif et rusé. Il parvient à s'approcher de son ennemi et lui assène une série de coups rapides.

Au même moment, Leonardo, Donatello et Michelangelo arrivent en trombe dans la salle à manger. En voyant leur maître engagé en plein duel, ils volent à son secours. Mais les grilles de sécurité censées les protéger s'abaissent et les séparent de leur maître bien-aimé ! Horrifié, Leo observe le combat entre les barreaux. Il frappe la grille métallique de son épée. Ce geste provoque une pluie d'étincelles, mais rien de plus. Soudain, des dizaines de Soldats du Clan des Foot envahissent la pièce et se jettent sur les Tortues.

De son côté, Splinter se sert de sa canne pour parer les offensives de son adversaire. Shredder enchaîne les coups de griffes et les coups de pied. L'agilité du rongeur est mise à rude épreuve. Il cède un peu de terrain à son ennemi et recule de quelques pas. Puis, utilisant sa queue comme un fouet, il touche Shredder au bras et lui fait perdre l'équilibre.

Shredder mugit de colère et l'attaque de plus belle. Il multiplie les coups, à toute vitesse. Le rongeur se retrouve acculé dans un coin.

– Il ne faut jamais mettre un rat au pied du mur, gronde Splinter.

Sur ces mots, il soulève sa canne et en sort une lame secrète.

CHAPITRE 10

Les trois Tortues résistent vaillamment aux assauts successifs des Soldats du Clan des Foot. Donatello assène un enchaînement de coups fulgurants à l'aide de son *bo*. Deux soldats s'écroulent. Donatello s'abaisse et en neutralise encore deux autres grâce à un coup de pied foudroyant.

– Bien joué, Donnie ! s'exclame Leo, tout en repoussant trois soldats avec ses *katanas*.

Deux soldats sautent sur Michelangelo. Il les attrape chacun d'une main et leur cogne la tête l'un contre l'autre. Ils tombent par terre.

– Gare à la Tortue faucheuse ! hurle-t-il avant de foncer dans le tas avec son *nunchaku*.

Les Tortues semblent avoir l'avantage sur leurs ennemis… jusqu'à l'arrivée d'une seconde escouade de soldats équipés de nouvelles armes : des bâtons à électrochocs. Donatello se rue sur l'un d'eux en agitant son *bo*. L'autre esquive le coup et lui envoie une décharge électrique. Le choc est si violent que Donatello se retrouve projeté contre le mur.

Michelangelo est atteint, lui aussi. Il tombe à genoux. Il tente de se relever, mais une seconde décharge le paralyse.

À l'aide de son épée, Splinter tranche les lames de l'armure de Shredder. Le vieux rat fend l'air, plonge et esquive les coups de griffes, mais il commence à montrer des signes de fatigue. Petit à petit, Shredder prend le dessus et lui assène une série de coups.

– Sensei ! hurle Leonardo.

Il se jette de toutes ses forces contre la grille pour tenter de forcer le passage.

– Fuyez, mes enfants ! lance Splinter en se retournant pour faire face à Shredder. Ne gâchez pas votre jeunesse pour un vieux rat comme moi. Sauvez-vous afin de poursuivre le combat !

Une pluie de coups s'abat sur lui. Splinter encaisse avec courage. Il espère gagner du temps pour permettre aux Tortues de s'échapper.

Mais Leonardo refuse d'abandonner son maître. Poussé par le désespoir, il prend une décision inattendue.

– Shredder ! s'écrie-t-il. Laisseras-tu la vie sauve à Splinter si nous nous rendons ?

Shredder marque une pause. Il observe les Tortues. Donatello et Michelangelo jettent leurs armes. Puis il se tourne vers Splinter et décide que le vieux rat ne mérite même pas qu'il se fatigue à l'achever. Il lui tourne le dos et hoche la tête sous son casque.

Leonardo ferme les yeux et lâche ses *katanas* par terre. Les deux sabres font un bruit métallique qui se répercute dans le silence.

Le repère des Tortues n'est plus qu'un champ de ruines.

Les Soldats du Clan des Foot se jettent sur Leonardo, Donatello et Michelangelo pour les enchaîner. Dès que l'un des trois frères tente de résister, il reçoit aussitôt une décharge électrique.

– Ignorez la souffrance physique, gémit Leonardo. Elle n'existe que dans la tête !

La douleur vive de l'électrochoc qui suit ces paroles lui ferait presque douter lui-même de son conseil.

Les Tortues sont escortées hors de leur repère, à travers les égouts. Elles se retrouvent à l'air libre, sous la pluie, dans une allée jonchée d'ordures. Là, les soldats de Shredder les poussent de force dans des camions blindés. Un signal est donné. Les moteurs rugissent et les véhicules s'éloignent en trombe.

Pendant ce temps, au repère, April se relève lentement. Une pluie de gravats s'est abattue sur elle. Elle a mal partout, mais ses blessures ne semblent pas graves. Elle chasse la poussière de son visage et aperçoit Shredder. Il se tient à quelques mètres, le dos tourné. Il ne l'a pas vue. Sans bruit, la jeune femme va se cacher derrière une pile de décombres et retient son souffle. Un soldat est en train de faire son rapport au chef du Clan des Foot.

– La bataille est terminée. Nous avons capturé trois des tortues. Elles sont en route vers chez Sacks. Le labo les attend. Tout est prêt pour les prélèvements sanguins.

– Et la quatrième ?

– Morte dans l'explosion. Je l'ai vue moi-même.

April se mord la lèvre pour étouffer un sanglot. Est-ce vrai ? Elle refuse d'y croire. Elle se sent mal et, surtout, responsable.

– Excellent, murmure Shredder.

Pour lui, ce n'était qu'un jeu d'enfants. Il contemple les armes abandonnées par terre : un sabre, un *bo*, un *nunckaku*. D'un coup de pied métallique, il les projette au bas d'un escalier. Elles atterrissent dans une mare de boue.

CHAPITRE 11

L'explosion a projeté Raphael tout au fond d'un tunnel, sous une montagne de débris. Dès qu'il réussit à se libérer, il part en courant vers le quartier général. Mais le spectacle qui l'attend lui brise le cœur.

Le repère est entièrement détruit. L'équipement est endommagé, le mobilier est en mille morceaux et la plupart des murs se sont effondrés. Mais ce n'est rien comparé à la vision de Splinter. Le vieux maître gît, inconscient, au milieu de la salle d'entraînement. Sa respiration est très faible.

– Sensei… dit tristement Raphael.

Il tombe à genoux et prend Splinter dans ses bras.

April O'Neil sort de l'ombre. Elle est soulagée de voir que Raphael est encore en vie. Elle a presque envie de l'embrasser ! Mais à en juger par le peu d'échanges qu'elle a eus avec lui, quelque chose lui dit que ce n'est pas trop son style…

– Que puis-je faire ? demande-t-elle tout bas.

Raphael lui explique où se trouve la mallette de premiers secours. Ensemble, ils soignent les plaies de Splinter. Bientôt, le rongeur se réveille.

– Raphael, tu dois retrouver tes frères… et arrêter Shredder, murmure-t-il d'un ton pressant.

– Je sais, Sensei. Je promets de les ramener sains et saufs.

– Tu n'y arriveras jamais seul ! insiste Splinter. Si personne n'arrête Shredder et le Clan des Foot à temps, une armée maléfique envahira le monde entier, comme cela s'est déjà produit il y a des siècles. Il n'y a que vous deux pour empêcher ce cauchemar.

Splinter regarde Raphael, puis April. Il ferme les yeux pour se reposer.

– Nous devons nous rendre à la propriété de Sacks, déclare la jeune femme. Je connais quelqu'un qui peut nous y conduire.

– Bien, marmonne Raphael.

Il fouille le repère en ruines, renverse des chaises et des tables cassées. Quelques instants plus tard, il a trouvé ce qu'il cherchait.

– On va en avoir besoin, dit-il en ramassant les sabres, le *bo* et le *nunchaku* des autres

Tortues. En route. Allons délivrer mes frères !

Debout à côté de sa camionnette blanche, Vern Fenwick observe son reflet dans le rétroviseur. Il a mis un chapeau mou sur sa tête, mais il hésite. April l'a appelé pour qu'il passe la prendre chez elle de toute urgence. Le caméraman est convaincu de savoir pourquoi. Après tout, il est séduisant. Et techniquement, ils ne sont plus collègues de travail... Pourquoi ne pourraient-ils pas sortir ensemble ?

– Vite, il faut qu'on y aille ! s'exclame April en surgissant de son immeuble. Le chapeau, c'est pour quoi faire ?

– Oh, ça ? C'est à un ami. Je l'essayais juste pour rire... Mais si ça te plaît, je le garde. Ça te plaît ?

April ne l'écoute pas. Elle grimpe dans la camionnette, s'assoit sur la banquette avant et le fusille du regard. Vern saute derrière le volant. Au passage, il jette son chapeau par terre.

April lui explique rapidement la situation : les expériences secrètes, les Tortues Ninja mutantes, le fait que Sacks travaille main dans la main avec Shredder pour détruire New York… voire le monde !

Vern la dévisage.

– Voyons, April… Nous sommes des adultes. Nous n'avons pas besoin d'inventer des prétextes pour passer du temps tous les deux. Si tu veux qu'on sorte ensemble, il suffit de me le dire…

Caché à l'arrière de la camionnette, Raphael se penche entre eux.

– ARRÊTE DE BAVARDER ET DÉMARRE CE VAN ! rugit-il. Il FAUT QU'ON AILLE SAUVER MES FRÈRES !

Vern est sous le choc. Son premier réflexe est de demander d'où sort cette créature. Mais il réalise qu'April vient de tout lui expliquer : c'est une tortue mutante. *Comment a-t-elle fait pour grimper si discrètement dans sa camionnette ?* s'interroge-t-il. *Facile, c'est un ninja !* se dit-il. *Et les ninjas savent se déplacer vite et en silence.* Vern finit par bafouiller les seuls mots qui lui viennent à l'esprit :

– Vous... vous êtes une tortue parlante !

– Et vous, vous êtes un imbécile qui parle trop, grogne Raphael. En route !

Vern met le contact, et la camionnette démarre.

CHAPITRE 12

Dans le laboratoire de Sacks, Leonardo, Donatello et Michelangelo se sentent de plus en plus faibles. Ils sont suspendus dans de grandes cuves en verre blindé. D'épaisses chaînes entourent leurs bras et leurs jambes. Des tubes sont fixés à leurs corps, et se rejoignent à l'extérieur des trois cuves en un gros tuyau rattaché à une machine.

Sacks entre dans la pièce et jette un premier coup d'œil aux résultats de ses expériences. Sa mâchoire s'affaisse. Il ouvre de grands yeux émerveillés.

– Waouh ! Ça alors ! Dire qu'on a failli utiliser des lapins à votre place…

– Pourquoi ces tubes ? demande Leonardo, à bout de forces.

Sacks n'en croit pas ses oreilles.

– Tu peux répéter ?

Leonardo repose sa question. Sa voix est encore plus faible.

– Vous faites tous partie de mon plan. Nous avons créé une toxine mortelle. Nous allons l'apporter sur le toit de mon gratte-ciel, en plein milieu de New York. L'aiguille de métal au sommet fera office de seringue géante. Elle nous permettra de répandre la maladie.

Pour prouver sa puissance, Sacks fait un signe aux hommes de son équipe. Ils font venir un Soldat du Clan des Foot dans la pièce. Pendant qu'ils le maîtrisent, ils lui attachent un masque à gaz sur le visage. Un tuyau relie le masque à un récipient. On tourne un robinet. Un gaz se répand en sifflant dans le masque. L'homme se débat, ses yeux s'écarquillent. Quelques secondes plus tard, il s'arrête de bouger et s'écroule au sol.

Sacks reprend la parole.

– Les gens vont mourir. Ce sera le chaos total dans la ville. Il y aura des répercussions à l'échelle mondiale. Et qui sera en mesure d'enrayer le mal ? Vous… enfin, votre sang. Voyez-vous, le seul remède contre notre peste est contenu dans votre sang mutant. Grâce à vous, seule la société Sacks Enterprises détiendra l'antidote. Les gouvernements du monde entier m'enverront un chèque en blanc. Ils paieront le prix que j'exigerai pour sauver la planète.

Shredder fait son entrée dans la pièce. Les lumières du plafond se reflètent sur son armure étincelante.

– Vous êtes trop obsédé par l'argent, dit-il à son élève. Seuls comptent l'honneur et le pouvoir. Combien de temps le processus va-t-il durer ?

Sacks jette un coup d'œil à la machine. Le sang arrive par le tuyau principal, goutte à goutte. Il y a plusieurs bonbonnes de verre. Une seule est remplie de sang.

– Nous en avons déjà assez pour démarrer, déclare Sacks.

Il appuie sur une manette. La bonbonne pleine de sang se met à siffler.

– Nous n'avons qu'à transporter cette bonbonne par hélicoptère jusqu'au quartier général, reprend-il. Ainsi, nous fabriquerons suffisamment d'antidote pour nous protéger quand nous lâcherons les toxines cet après-midi.

Sacks demande à ses hommes de préparer son hélicoptère. Puis il sort du laboratoire en compagnie de Shredder.

La camionnette de Channel 6 roule à vive allure le long de la route sinueuse qui mène à la résidence de Sacks. Les pneus crissent à chaque virage. Vern s'agrippe si fort au volant qu'il a les mains moites et blanches. Il préfèrerait ralentir et conduire plus prudemment. Après tout, ils ne sauveront la vie de personne s'ils ont un accident ! Et puis, il est responsable de la camionnette. Mais chaque fois qu'il relâche un peu l'accélérateur, la grosse tortue juste derrière lui se penche en avant pour lui souffler dans la nuque.

Enfin, ils arrivent en vue de la propriété. Mais il y a un problème.

– April, le portail est fermé ! s'exclame Vern. Qu'est-ce qu'on va faire ?

– Accélère, grogne Raphael.

Vern écrase la pédale… et ferme les yeux.

CRAC !

La camionnette vient de foncer à travers la grille, projetant partout des éclats de métal et de bois. Vern s'arrête quelques dizaines de mètres plus loin, au milieu de la pelouse. Il bondit de son siège pour aller inspecter les dégâts.

– Ma pauvre fourgonnette ! gémit-il.

Les phares sont cassés. Le pare-chocs avant est tordu. La carcasse cabossée se met à tanguer quand Raphael bondit par la portière arrière, en l'arrachant de ses gonds.

– Eh ! proteste Vern. La portière était ouverte ! Ce n'est pas la peine de tout démolir, vous savez !

Avant que Vern ait le temps d'en dire

plus, des Soldats du Clan des Foot envahissent le jardin. Raphael fonce dans le tas en faisant étinceler la lame de ses *saïs*. Il envoie trois soldats au tapis par la seule force de ses poings, puis encore deux autres grâce à un coup de pied imparable.

– Suivez-moi ! hurle-t-il à Vern et April par-dessus son épaule.

Ensemble, ils se précipitent à l'intérieur de la villa.

Raphael est le premier à atteindre le sommet des marches. Il enfonce la porte et pénètre dans le laboratoire. Leonardo, Donatello et Michelangelo sont presque entièrement vidés de leur sang. Raphael se rue vers les cuves de verre.

– La quatrième n'attend que toi, déclare soudain Shredder sur un ton menaçant.

Surgissant de l'ombre, dans son armure de samouraï, il se jette sur Raphael pour l'attaquer.

La Tortue s'accroupit et, en un éclair, s'empare de ses *saïs*. Un bruit métallique résonne dans la pièce chaque fois qu'il contre l'un des coups de Shredder. Il se penche avec agilité pour éviter les griffes de son ennemi.

Pendant ce temps, April et Vern accourent au pied des cages de verre. La jeune femme voit que Shredder est trop occupé à se battre pour s'intéresser à elle. Elle en profite pour essayer de libérer les Tortues. Mais comment faire ? Les cuves et les machines sont un véritable enchevêtrement de lumières clignotantes, de tuyaux et de fils. April tape doucement contre la vitre de la cage de Donatello.

– Tu m'entends ? Que dois-je faire ?

Donatello est si faible qu'il peut à peine parler.

– Adrénaline… murmure-t-il en lui désignant un écran de contrôle du menton.

– Sur quel bouton dois-je appuyer ? insiste April.

La Tortue ne répond pas. Ses paupières se ferment. April frappe contre la paroi de sa cage.

– Réveille-toi, Donnie ! J'ai besoin de ton aide !

Désemparée, la jeune femme examine l'écran tactile. Elle ouvre le menu principal et trouve une icône baptisée « Adrénaline ». Elle clique dessus.

Aussitôt, la machine glougloute et s'arrête. Les pompes s'inversent et renvoient le sang en direction des Tortues… ainsi qu'une bonne dose d'hormones énergisantes.

Donatello, Michelangelo et Leonardo ouvrent soudain les yeux. Ils bondissent sur leurs pieds, brisent leurs chaînes et arrachent les tuyaux de leurs bras. Pour finir, ils cassent la paroi vitrée de leurs cages.

– Waouh ! s'exclame Michelangelo. Je me sens en pleine forme. Et même en super forme !

Il tend les muscles de ses bras et les admire.

– Pareil ! s'émerveille Donatello. Je déborde d'énergie ! On devrait en profiter pour faire le ménage. Qui veut rentrer au repère et nettoyer mon labo ?

– Je leur ai peut-être donné un peu trop d'adrénaline, glisse April à Vern.

Leo se tourne vers eux et leur raconte toute l'histoire : Sacks, les toxines, l'hélicoptère.

– Il faut les arrêter, déclare April.

– Oui, répond Leonardo, mais d'abord, nous devons aider notre frère !

Dans la pièce d'à côté, Shredder a acculé Raphael dans un coin. Son armure de samouraï accroît sa force et le rend presque invincible. Il enchaîne les coups jusqu'à faire tomber son adversaire.

Raphael essaie de se relever, mais Shredder est trop rapide pour lui. Il écrase sa semelle sur son dos… et brise sa carapace !

– Je pourrais te détruire, dit-il. Mais sans tes frères, tu ne représentes plus aucune menace pour moi. Et puis, nous aurons besoin de ton sang. Nous allons donc te garder en vie… pour l'instant.

Sur ces mots, il tourne les talons et quitte la pièce.

Les amis et les frères de Raphael accourent vers lui.

– Ça va ? lui demande Leonardo.

– Ma carapace a connu des jours meilleurs, grommelle Raphael.

Donatello sort une trousse de secours

de sa ceinture et commence à soigner ses blessures.

– Merci, Donnie, dit Raphael. Moi aussi, j'ai quelque chose pour toi.

Il lui tend son *bo*. Il rend également ses *katanas* à Leonardo et son *nunchaku* à Michelangelo.

Les Tortues Ninja sont réunies, armées et prêtes à se battre. Ensemble, elles forment une redoutable machine de guerre !

CHAPITRE 13

Les Tortues conduisent April et Vern hors du laboratoire secret. Le petit groupe court le long de galeries étroites et interminables. Un à un, ils neutralisent les Soldats du Clan des Foot qui patrouillent dans les couloirs. Les Tortues les jettent contre les murs avant de les abandonner par terre, comme si de rien n'était. Encore quelques tunnels et quelques gardes à assommer, et ils atteignent enfin la porte qui débouche dans le jardin.

– Voilà le plan : on court tous jusqu'à la camionnette, direction New York ! lance Leonardo. Vous êtes prêts ?

Lentement, il ouvre la porte.

La camionnette est toujours à l'endroit où Vern l'a arrêtée tout à l'heure. Hélas, elle est entourée d'une vingtaine de soldats aux aguets, armes à la main.

– Ça va être plus compliqué que prévu, chuchote Leonardo.

– Pas de problème, répond Raphael en écrasant son poing dans sa paume. On fonce !

Les Tortues s'élancent à l'assaut de leurs ennemis vêtus de noir. Leurs coups puissants envoient voler les soldats de Shredder. L'un d'eux brandit une arme à feu. Leo prend April par la main et se retourne pour la protéger. La balle rebondit sur sa carapace.

– Ça alors ! s'exclame-t-il. Nous avons maintenant des carapaces pare-balles !

Un groupe de soldats installe un lance-roquette portatif. Ils visent Michelangelo et tirent. Une explosion de fumée et de flammes traverse la pelouse. Michelangelo, sentant une boule de chaleur foncer droit sur lui, bondit dans les airs en un spectaculaire saut périlleux arrière. Le missile passe juste en dessous de lui et explose contre un mur au loin.

– Super saut ! le félicite Donatello.

Michelangelo fait le *moonwalk*, très fier de lui.

– Ben oui, normal, j'ai le rythme dans la peau !

Enfin, ils atteignent la camionnette. April saute à sa place sur la banquette avant. Vern enfonce l'accélérateur. Les quatre Tortues bondissent à l'arrière.

Donnie sort son ordinateur portable. Ses doigts volent sur le clavier. À l'écran, des cartes apparaissent.

– Je le savais, dit-il. À dix-huit kilomètres d'ici, il y a une bouche d'égout qui mène en plein cœur de New York. Si on peut arriver à temps, on est sauvés !

La camionnette traverse le jardin comme une flèche. Soudain, une grosse Jeep noire surgit devant eux et bloque la seule sortie. Sur le toit du véhicule, un soldat manipule une mitraillette. Il tire et crève l'un des pneus de la camionnette.

Vern tente de garder le contrôle, mais il ne peut rien faire. La camionnette dérape à travers la pelouse et passe en zigzaguant devant un semi-remorque garé près du portail.

– Et si on changeait de voiture ? propose Michelangelo en observant le puissant engin à dix-huit roues.

Vern et April sautent hors de la camionnette et se hissent dans la cabine du semi-remorque.

– Il doit y avoir un moyen de démarrer le moteur, dit Vern en fouillant dans les fils électriques qui dépassent sous le tableau de bord.

April abaisse le pare-soleil et fait tomber un trousseau de clés.

– Tiens, qu'est-ce que tu dis de ça ?

– Merci, répond Vern en mettant le contact.

Le moteur du gros camion rugit. Michelangelo saute sur le toit. De là-haut, il aperçoit plusieurs SUV lancés à leur poursuite derrière la Jeep.

– On a de la compagnie ! crie-t-il à ses frères.

Leonardo, Donatello et Raphael grimpent à l'arrière du camion. Michelangelo tape du pied sur le toit pour faire signe à Vern de démarrer. Le caméraman obéit sans attendre et propulse le semi-remorque à travers la pelouse.

Bientôt, le gros engin sort de la propriété et commence à descendre la montagne sur la route enneigée. Les Soldats du Clan des Foot sont toujours à leurs trousses au volant de solides véhicules blindés. Ce sont des conducteurs expérimentés, et ils roulent très vite.

L'un d'eux les déborde sur la gauche pour essayer de les coincer. Vern l'aperçoit dans son rétroviseur et donne un gros coup de volant sur la gauche. Le camion fait une embardée et projette son poursuivant contre le garde-fou. Une gerbe d'étincelles apparaît. Le SUV manque de basculer dans le ravin glacé, mais son conducteur parvient à en reprendre le contrôle. Il renonce à son attaque et se range derrière le semi-remorque.

Un autre Soldat du Clan des Foot fait feu à l'aide d'une machine d'artillerie posée sur le toit de son SUV. Les balles sifflent de part et d'autre du camion.

Michelangelo s'accroche au toit pour éviter de tomber. Leonardo a moins de chance : il titube à l'arrière du camion et bascule sur la route neigeuse. Mais le chef des Tortues a plus d'un tour dans son sac. Il se retourne sur sa carapace et se laisser glisser comme sur une luge !

L'un des SUV se lance à sa poursuite. Un soldat se penche par une vitre ouverte et lance un câble électrifié qui s'enroule autour du bras de Leonardo. La Tortue sent aussitôt une violente décharge parcourir son corps.

Raphael et Donatello regardent la scène depuis l'arrière du camion. Ils doivent absolument secourir leur frère !

– J'y vais ! déclare Donatello.

Il prend son élan le long du toit et bondit dans les airs. Il atterrit dans la neige et se laisse glisser jusqu'à Leonardo. Il sort un petit appareil de sa ceinture et coupe le fil électrifié. Le câble se rétracte comme un fouet et percute le soldat qui l'a lancé.

– J'aime pas qu'on s'amuse sans moi ! s'exclame Michelangelo.

À son tour, il saute du toit en hurlant :

– ATTENTION, BOMBE !

Il rentre sa tête, ses bras et ses jambes à l'intérieur de sa carapace et fend l'air comme un projectile pour transpercer le pare-brise d'un SUV ennemi. Il atterrit sur la banquette avant et ressort de sa carapace. Là, il cogne les crânes des Soldats du Clan des Foot les uns contre les autres avant de ressortir avec agilité du véhicule. Le SUV dérape sur la route de verglas et part s'écraser contre un tas de neige.

Pendant ce temps, dans le semi-remorque, Vern aperçoit un problème à l'horizon : un précipice vers lequel leur véhicule fonce tout droit ! Il rétrograde et tente de freiner, mais l'engin roule beaucoup trop vite. L'arrière du semi-remorque dérape violemment. Vern sent qu'il perd le contrôle du gros monstre de dix-huit roues.

Leonardo et Donatello voient que le camion glisse dangereusement sur la route.

– Il faut intervenir ! s'écrie Leonardo.

Les deux Tortues rentrent dans leurs carapaces et se laissent glisser sur la route. Donatello tend la main et attrape une poignée sous le véhicule. En un clin d'œil, son frère et lui se retrouvent sous le ventre du camion.

Michelangelo et Raphael les rejoignent quelques secondes plus tard. Les quatre Tortues se servent de leurs carapaces comme d'un gouvernail. À la force de leurs bras, ils remettent le camion sur le droit chemin. Mais lorsqu'il lève les yeux, Michelangelo voit le bord du précipice se rapprocher à toute vitesse.

– Eh, les mecs ! Terminus, tout le monde descend ! crie-t-il à ses frères.

– Position Bleue 42 ! lance Leonardo, comme le capitaine d'une équipe de football.

Les autres hochent la tête : ils ont reçu le message cinq sur cinq. Raphael attrape le bras de Leonardo et le projette à l'extérieur du camion. Michelangelo sort à son tour en faisant une roulade. Il se hisse dans les airs et atterrit sur le ventre de Leonardo pour utiliser son frère comme un snowboard !

Michelangelo glisse jusqu'à la cabine du semi-remorque. Il fait signe à April et Vern de sauter pour se mettre à l'abri.

Une détonation retentit quelque part derrière eux. Michelangelo se retourne… juste à temps pour voir un missile foncer droit sur eux.

– Attention ! hurle-t-il.

Il se penche pour éviter le projectile. La boule de feu rebondit contre la cabine et tourbillonne en direction de la forêt. La portière de la cabine s'ouvre d'un coup, et April se retrouve projetée à l'extérieur. Elle s'agrippe à la banquette pour ne pas tomber dans le vide.

Leonardo quitte Michelangelo et saute dans la cabine pour protéger April. Pendant ce temps, toujours sous le camion, Raphael et Donatello ont échafaudé un plan.

– À l'assaut ! hurle Raphael.

Donatello tend son *bo* comme une perche pour permettre à Raphael de se hisser jusqu'au véhicule ennemi qui les suit.

Le SUV fait un tonneau et s'écrase contre un arbre. Donatello sort de sous le camion juste à temps… une seconde avant que ses roues avant ne basculent dans le vide.

– Non ! hurle Michelangelo en voyant le semi-remorque tomber du haut de la falaise. On les a perdus ! On ne reverra plus jamais Leo, April et… et… ce type sympa dont j'ai oublié le nom !

Donatello, Michelangelo et Raphael se précipitent en courant vers le bord du ravin. Aucune signe de Leonardo, d'April ou de Vern. Les trois frères se penchent au-dessus du précipice… et sont soulagés par la vision qui les attend : le sabre de Leonardo est planté dans la roche de la falaise. Il s'y accroche d'une main. De l'autre, il retient April et Vern. Il sourit à ses frères comme pour leur dire que tout va bien, puis aide la journaliste et son ami à se hisser sur la terre ferme.

– Et maintenant, qu'est-ce qu'on fait ? demande Raphael.

Donatello jette un regard circulaire, puis désigne un gros amas de neige.

– Si mes calculs sont exacts, dit-il, on va par là !

Sur ces mots, il balaie la neige. Une plaque d'égout gravée avec les lettre NYC apparaît.

CHAPITRE 14

La tour Sacks est l'un des plus hauts gratte-ciel de New York. Sa pointe métallique semble transpercer les nuages. L'édifice est un brillant symbole d'espoir pour tous les habitants de New York.

Mais aucun d'eux n'a la moindre idée du danger qu'il abrite.

Au trente-sixième étage se trouve un laboratoire dernier cri. Sacks a passé des années à y mener ses expériences secrètes… sans succès. Mais aujourd'hui, il va enfin connaître le triomphe.

– Nous avons juste assez de toxines pour empoisonner dix pâtés de maison, déclare-t-il. C'est un début. Bientôt, nous en aurons plus.

Il presse un bouton pour allumer une machine. Puis il insère la bonbonne de sang de tortue dans une trappe et laisse le système faire ton travail.

– La première dose d'antidote est presque prête, Maître Shredder, déclare-t-il en regardant le liquide rouge et les produits chimiques se mélanger pour former un mutagène vert et bouillonnant.

– Excellent, dit Shredder. Aujourd'hui est un grand jour. Je vis dans l'ombre depuis trop longtemps. Il est temps que je prenne enfin le pouvoir. Et que je punisse tous ceux qui m'ont privé des honneurs que je mérite !

Il est aussi temps que je devienne encore plus riche, songe Sacks. Mais il sait qu'il ne doit pas trop parler d'argent à voix haute devant son maître.

Shredder s'avance vers la pointe métallique du gratte-ciel pour libérer les toxines.

April, Vern et les Tortues ouvrent la trappe de l'intérieur et se hissent à la surface. Ils viennent d'arriver au sous-sol de Sacks Enterprises. Il est temps pour eux de se séparer en deux équipes. Vern et April partent à la recherche de Sacks et de son labo ; les Tortues, elles, ont pour mission de détruire la pointe du gratte-ciel.

– Quand vous trouverez le mutagène, dit Leonardo, surtout, ne le perdez pas ! Il pourrait aider beaucoup de gens.

– Comme Splinter, par exemple, ajoute Donatello.

– Tu es sûre que ça va aller ? demande Raphael à April.

La jeune femme hoche la tête.

– J'ai pris des leçons de kick-boxing, répond-elle. Et puis, j'ai beaucoup appris en vous observant !

Sur ces mots, les deux groupes partent chacun de leur côté.

Les Tortues s'engouffrent dans un ascenseur et appuient sur le bouton du dernier étage. La cabine s'élève. Les quatre frères gardent le silence.

Raphael frappe nerveusement ses deux *saïs* l'un contre l'autre.

Clinc-clinc-clinc.

Leonardo reproduit le même rythme avec ses *katanas.*

Zip-zip, zip-zip-zip, zip.

Michelangelo et Donatello posent le son

de leurs voix par-dessus. Le temps d'accéder au toit du gratte-ciel, les quatre Tortues sont en pleine impro de rap.

Une sonnerie retentit et la porte de l'ascenseur s'ouvre… sur une pièce remplie de Soldats du Clan des Foot. Les Tortues interrompent leur petite séquence musicale. Elles brandissent leurs armes et donnent l'assaut.

Il est temps de livrer bataille.

Plusieurs étages en dessous, April et Vern avancent à pas de loup dans le laboratoire. Sacks est seul, devant sa machine à pomper. Il prend la parole sans même se retourner.

– L'histoire se répète, dit-il en ricanant. Ton père a fait intrusion dans mon labo pour tenter de mettre un terme à mes expériences. Aujourd'hui, on dirait que c'est ton tour…

Il fait volte-face et actionne une arme à feu. La balle part ricocher contre une table.

Vern et April s'aplatissent contre le sol. Vern se met à ramper comme s'il cherchait quelque chose par terre.

– Qu'est-ce que tu fais ? lui chuchote April.

– Je cherche une prise.

Il fouille parmi un tas de fils électriques sous un panneau de contrôle. Mais les câbles sont trop nombreux et trop emmêlés pour y comprendre quoi que ce soit.

– Nous n'avons plus le temps ! s'exclame April.

La jeune femme se redresse d'un bond et attrape une chaise qu'elle jette sur le panneau de contrôle. Une gerbe d'étincelles apparaît.

– Stop ! mugit Sacks en tirant un deuxième coup de feu. Éloigne-toi de ma machine !

– Ce n'est pas votre machine ! rétorque April. Tout ceci est le travail de mon père. Je refuse que vous le récupériez pour vos projets diaboliques.

– Tu refuses ? réplique Sacks en éclatant de rire. J'ai empêché ton père de me nuire, et je ferai pareil avec toi. Cela prendra peut-être un peu de plus de balles, c'est tout.

Sacks resserre ses doigts autour de son arme.

April ne se laisse pas impressionner.

– Vous n'aurez pas le courage de me tirer dessus !

À ces mots, Sacks tire. Vern pousse violemment April pour l'obliger à se coucher par terre. Malheureusement, la balle lui effleure l'épaule. April fait une roulade avant et assène à Sacks un coup de pied latéral qui lui fait perdre l'équilibre. L'homme trébuche et lâche son arme.

April récupère le révolver et le brandit vers l'alarme du plafond. Elle tire. Une sirène retentit et de la mousse anti-incendie se répand instantanément dans la pièce.

Sacks lui jette un regard noir. Elle pointe son arme sur lui.

Il tourne les talons et s'enfuit.

April pousse un soupir de soulagement et rejoint de Vern. Le caméraman est blessé, mais ce n'est pas trop grave.

–Je croyais qu'il n'aurait pas le courage de te tirer dessus… dit-il en grimaçant de douleur.

– Ce n'est pas *moi* qu'il a touchée, rétorque la jeune femme.

Elle aide son ami à se rasseoir et lui bande l'épaule.

À sa vive surprise, elle sent alors son téléphone vibrer. C'est un SMS de Donatello : « S.O.S. » !

En voyant le message, Vern pousse April vers la porte.

– Vas-y, ils ont besoin de toi ! Je m'en sortirai très bien tout seul.

– Mais... qu'est-ce que je fois faire ? demande la jeune femme avec inquiétude.

Elle a peur. Elle veut aider ses amis, bien sûr, mais elle ne sait pas comment.

– Tu as vu l'armure de Shredder, reprend-elle. Il est pratiquement invincible !

Désespérée, April regarde tout autour d'elle. Son attention est attirée par un flacon contenant un liquide vert étincelant. Maintenant que la machine à mutagène est détruite, c'est le dernier échantillon d'antidote restant. Elle s'empare du flacon et se précipite vers le toit.

CHAPITRE 15

Là-haut, sur le toit de la tour Sacks, Shredder se tient au pied de la pointe du gratte-ciel. Il entre des codes dans un ordinateur. Un compte à rebours démarre à l'écran. Dans cinq minutes, les toxines mortelles seront lâchées dans le ciel matinal. En bas, dans la rue, les passants seront touchés sans même s'en apercevoir.

Les quatre Tortues surgissent sur le toit, prêtes à livrer le plus grand combat de leur vie. Leur adversaire se tourne face à elles. Le soleil qui se reflète sur son armure est presque aveuglant.

– Mikey, dit Leonardo, tu te souviens de ce mot que tu répétais tout le temps ? Celui que je t'avais interdit d'utiliser ?

– Bien sûr, répond Michelangelo.

– Tu crois qu'il t'en reste encore un en réserve ?

Michelangelo hoche la tête, sourit, et hurle :

– COWABUNGA !

Raphael mène l'assaut. Il évite les coups de Shredder et fend l'air avec ses *saïs*. Les deux lames de métal s'entrechoquent contre l'armure de Shredder, l'obligeant à reculer de quelques pas.

Leonardo, Donatello et Michelangelo bondissent à la rescousse. Ils se tiennent en rang serré aux côtés de leur frère et contrent tous les coups de leur ennemi. Shredder avance, multiplie les coups de pied et de griffes. Son armure mécanique lui donne un net avantage sur ses adversaires.

– Donnie, on va essayer d'éloigner Shredder de la pointe du gratte-ciel, glisse Leonardo à son frère. Occupe-toi de son ordinateur ! Vois si tu peux arrêter le compte à rebours !

Donatello n'attend pas une seconde. Il s'écarte discrètement du groupe et se faufile vers la grosse aiguille en métal, en se cachant derrière un conduit de ventilation. Leonardo reprend l'offensive contre Shredder. Il lui assène plusieurs coups de sabre et enchaîne avec un coup de pied circulaire. Mais rien ne semble impressionner le maître maléfique.

Michelangelo vient ensuite. Il fait tournoyer son *nunchaku* devant lui à la vitesse de l'éclair. Les puissantes baguettes heurtent Shredder à plusieurs reprises… sans aucun résultat, ou presque.

Mais le plan de Leonardo fonctionne : Donatello a réussi à atteindre l'ordinateur, et il tapote comme un fou sur le clavier.

Le duel se joue maintenant entre Raphael et Shredder. Les *saïs* et les lames tranchantes s'entrechoquent, projetant des gerbes d'étincelles. Les deux adversaires se battent avec acharnement. Le guerrier robotisé repousse Raphael contre la rambarde de sécurité du toit. La barrière semble sur le point de céder.

Les Tortues se regroupent autour de Donatello.

– Tu t'en sors ? demande Leonardo.

– C'est un programme très complexe, mais pas impossible à pirater, explique Donatello. Il utilise un algorithme de sécurité à double niveau commandé par un nombre aléatoire…

– En français, Donnie !

– J'aurai fini dans une minute !

Raphael regarde le compte à rebours : le compteur vient justement d'entamer la dernière minute, et les secondes continuent à diminuer.

– Mais il te reste à peine une minute ! s'écrie Raphael.

(58… 57… 56… 55…)

Shredder marche vers les Tortues. Leonardo a l'impression que chacun de ses pas fait trembler le toit. Ils vont devoir trouver autre chose pour vaincre leur ennemi.

(42… 41… 40…)

Soudain, Leonardo a une idée. Une idée complètement folle… mais c'est peut-être leur dernière chance !

– Qui a envie de jouer au « jeu des seaux » ? demande-t-il.

Raphael et Michelangelo le regardent comme s'il avait perdu la tête. Puis ils comprennent.

(31… 30… 29…)

– Moi d'abord ! s'exclame gaiement Michelangelo.

Il charge Shredder. Mais, juste avant de l'atteindre, il se baisse. Raphael est juste derrière lui. Il saute sur la carapace de son frère. Son puissant coup de pied heurte le casque de Shredder.

Pendant quelques instants, le guerrier métallique est sous le choc. Il titube en arrière. Avant qu'il ait le temps de réagir, Raphael se roule en boule à ses pieds. Leonardo se sert de son frère comme d'un tremplin et assène une série de coups de poings dans la poitrine de Shredder.

(15… 14… 13…)

Les Tortues continuent ce stratagème. Chacune leur tour, elles prennent leur élan, bondissent et frappent. Elles enchaînent les coups de tous les côtés. Plutôt que de se battre chacune à tour de rôle, elles unissent leurs forces pour se transformer en une machine de guerre bien huilée. Shredder est dépassé.

(6… 5… 4…)

– Ça y est ! s'exclame Donatello.

Sur l'écran, le compte à rebours s'est figé à moins une seconde. Donatello bondit et utilise son *bo* comme une perche pour se catapulter lui-même auprès de ses frères.

Shredder n'a pas dit son dernier mot. Avec un rugissement terrible, il envoie Raphael et Michelangelo à l'autre bout du toit. Puis il écarte les bras et projette une dizaine de lames-missiles. Leonardo se penche pour les éviter. Les lames fendent l'air au-dessus de sa tête. Elles se plantent dans la pointe du gratte-ciel, qui se met à trembler. Shredder lance une nouvelle salve. Les lames secouent à nouveau l'aiguille d'acier et brisent les rivets qui la maintiennent attachés au toit. Le haut de la tour commence à vaciller.

Shredder ne s'intéresse plus aux Tortues. Il cherche à renverser la cime du gratte-ciel.

D'autres lames viennent s'enfoncer dans la pointe.

On entend un grondement de métal. La pointe commence à pencher dangereusement. Encore un jet de lames, et elle basculera dans le vide... pour atterrir sur les centaines de passants de Times Square !

CHAPITRE 16

Les Tortues se précipitent pour soutenir la tour. Elles se font la courte-échelle et repoussent la pointe de toutes leurs forces pour l'empêcher de basculer. Le poids est écrasant. Les rivets restants couinent et craquent.

– Qu'est-ce que va faire, si ça tombe ? demande Michelangelo. C'est quoi, le plan B ?

Leonardo lève les yeux et aperçoit le réservoir de toxines caché à l'intérieur de la pointe.

– Il n'y a pas de plan B, grogne-t-il. Nous n'avons pas le droit à l'échec !

– Pourquoi vous fatiguer à tenter de retarder l'inévitable ? vocifère Shredder sur un ton triomphal. Le Clan des Foot va écraser le monde !

– Pas si *on* vous écrase en premier ! s'écrie soudain April en bondissant sur le toit.

Shredder tourne le dos aux Tortues et s'avance lentement vers elle.

– Votre armée ne viendra jamais ! Nous avons détruit la machine ! C'est tout ce qui reste du mutagène ! déclare la jeune femme en brandissant la fiole verte sous les yeux de son adversaire.

Furieux, Shredder essaie de se jeter sur elle. April se précipite au bord du toit et tient le flacon au-dessus du vide.

– Un pas de plus, et je le lâche ! s'écrie-t-elle.

– Pour qui vous prenez-vous ? lui demande Shredder, la voix chargée de menace.

– Pour la fille de mon père !

April regarde Shredder droit dans les yeux, comme pour le mettre au défi.

Raphael sent ses muscles faiblir. Il sait qu'il ne tiendra plus très longtemps... Ses frères non plus, d'ailleurs. Que faire ? Il examine le toit, en quête d'une solution. Il remarque alors le bâtiment voisin.

Donatello suit le regard de son frère. Il procède à une rapide simulation mentale, et fait oui de la tête à Raphael. C'est une idée démente, mais ça peut marcher.

Les quatre Tortues alignent leurs carapaces contre les dernières poutres en acier qui retiennent la pointe, et se mettent à pousser.

– J'aime pas trop ça, Donnie, chuchote Leonardo en baissant les yeux vers Times Square. Il y a des civils partout, en bas. Et les dommages collatéraux, dans tout ça ?

– Notre plan est sûr à 100 %, répond Donatello. J'ai vérifié trois fois mes calculs. Est-ce que je ne suis déjà trompé dans mes calculs ?

Les autres font non de la tête. Donatello ne se trompe jamais. Les quatre frères repoussent la structure de toutes leurs forces pour achever de déstabiliser la pointe.

April voit la cime du gratte-ciel commencer à s'effondrer. Elle doit continuer à distraire Shredder encore quelques minutes. Elle agite la fiole par-dessus le rebord du toit.

– Votre père a travaillé toute sa vie sur ce projet. C'était son plus grand chef-d'œuvre, grogne Shredder pour tenter de convaincre la jeune femme.

– Vous ne savez rien de mon père ! s'écrie April.

Les poutres en acier de la pointe finissent par céder… L'énorme structure métallique bascule dans le vide !

CHAPITRE 17

Shredder et April sont tous les deux dans la trajectoire de l'aiguille d'acier. Avec son armure robotisée, Shredder pourrait facilement s'échapper. Mais à ses yeux, le mutagène compte plus que tout.

Il se jette sur April. Ils luttent.

La pointe de la tour s'écroule. Le choc les projette tous les deux par-dessus le toit.

L'aiguille d'acier fend l'air au-dessus de Times Square… et va s'écraser sur le toit de l'immeuble voisin. Heureusement, il est solide ! La structure est maintenant tendue entre les deux gratte-ciel, comme un pont.

Les Tortues accourent au bord du toit. Où est passée April ? Horrifiés, les quatre frères l'aperçoivent enfin : elle est suspendue au milieu de l'aiguille. L'armure de Shredder les a empêchés de se faire écraser. Mais maintenant, la jeune femme ne se retient plus que d'une seule main… et de l'autre, elle a la fiole de mutagène.

Comme si ça ne suffisait pas, Shredder est lui aussi suspendu à la pointe d'acier. Il se balance vers April, déterminé à récupérer le mutagène. La jeune femme est terrifiée. Ses mains transpirent. Elle lutte pour ne pas lâcher la passerelle, mais ses forces s'affaiblissent.

Soudain, elle pousse un hurlement et ferme les yeux. Sa main vient de glisser ! Heureusement, Raphael intervient juste à temps : il rattrape April par le poignet et la soulève. Quand la journaliste rouvre les yeux, elle voit que les Tortues ont formé une chaîne le long de l'aiguille pour venir à son secours.

Elle remarque aussi que la portion de métal à laquelle se retient Shredder est en train de ployer. Son armure est trop lourde. Il essaie de se déplacer vers une autre partie plus solide.

April a soudain une idée.

– Balance-moi ! crie-t-elle à Raphael.

Il agrippe fermement sa main et donne une forte poussée. April fend l'air en tendant les jambes vers l'avant…

Son coup de pied atteint Shredder en pleine poitrine. Sur la terre ferme, il n'aurait sans doute rien senti. Mais, dans sa position instable, il n'en faut pas plus pour lui faire lâcher prise. Le samouraï de métal fait une chute de plusieurs centaines de mètres.

Raphael hisse April et le mutagène sur la passerelle. La jeune femme s'accroche, respire à fond… et sent soudain la structure d'acier trembler. L'énorme aiguille émet un grondement. La passerelle temporaire commence à rouler en direction du vide !

Raphael jette un regard furieux à Donatello.

– Je croyais que tu avais vérifié trois fois tes calculs !

– Je n'avais pas pris en compte le poids d'une jeune femme, d'un homme vêtu d'une armure en titane et de quatre Tortues géantes ! réplique Donatello, agacé. Personne n'est pas parfait !

Les Tortues tentent de déplacer leur

poids – en vain. Leurs mouvements ne font qu'accélérer la course de la pointe métallique. Elle roule de part et d'autre, le long des deux toits, et plonge dans le vide ! Leonardo, Donatello, Raphael et Michelangelo plantent leurs armes dans la paroi du gratte-ciel. Ils essaient d'arrêter la chute de l'aiguille, mais trop tard : elle tombe vers Times Square, en contrebas.

– L'un de vous a une dernière déclaration à faire ? demande Leonardo.

– Désolé d'avoir toujours été si dur avec vous, les gars ! hurle Raphael. Vous êtes mes frères, et je vous aime tous ! Si je suis méchant avec vous, parfois, c'est parce que je pense que je ne vous mérite pas... et que je n'en fais jamais assez pour vous !

SCRATCH !

L'aiguille ralentit brusquement et s'arrête. Quand le nuage de poussière retombe, April et les Tortues constatent que la pointe s'est coincée contre la façade d'un autre immeuble. Ils sont suspendus à dix centimètres au-dessus du sol !

– Pfiou… C'était moins une, déclare Michelangelo en se laissant tomber sur le trottoir.

– Tu disais que tu n'en faisais pas assez pour nous ? demande Leonardo à Raphael.

April ignore si les Tortues peuvent rougir, mais elle trouve tout à coup les joues de Raphael bien assorties à son bandana rouge.

– Cowabunga ! s'exclame-t-il en souriant.

Leonardo ouvre déjà une plaque d'égout.

– Il faut vite qu'on apporte ce mutagène à Splinter. Ça devrait l'aider à se remettre sur pieds !

Les Tortues disent au revoir à April et disparaissent dans les tunnels souterrains.

La jeune femme ne s'attarde pas non plus. Elle tient à prendre des nouvelles de Vern. Et surtout, à préparer son premier vrai reportage d'investigation.

Les Tortues regagnent leur repère, ou ce qu'il en reste. Splinter est toujours allongé au milieu de la salle d'entraînement. Ses paupières tremblent à leur arrivée. Il n'a même plus la force de parler. Donnie sait qu'il n'y a pas une seconde à perdre. Il s'accroupit et lui fait boire une dose de mutagène.

Très vite, les joues du maître reprennent un peu de couleur. Ses yeux s'illuminent. Sa queue frétille. Le vieux rat se rassoit, non sans difficulté. Ses enfants se réunissent autour de lui.

Leonardo prend la parole tout bas.

– Nous avons vaincu le Clan des Foot… pour le moment. Mais vous aviez raison, Sensei. Nous n'étions pas prêts.

– Non, Leonardo. C'est moi qui n'étais pas prêt.

La voix de Splinter a retrouvé sa vigueur.

– Je n'étais pas prêt à vous laisser retourner dans le monde extérieur. Je ne vous faisais pas confiance. Maintenant, je vois que j'avais tort. Votre plus grande force, c'est la confiance qui vous unit tous les quatre.

Raphael lui tend la main pour l'aider à se relever. Michelangelo lui retrouve sa canne. Ensemble, le maître et ses élèves contemplent leur repère dévasté.

– Au travail, déclare Splinter. Nous avons du pain sur la planche !

Des voitures de police et des ambulances se précipitent en direction de

Times Square. La foule s'amasse autour de la place. Les passants contemplent les dégâts, stupéfaits, et se prennent en photo devants les ruines. Peu à peu, les policiers repoussent la foule.

Au milieu de cette agitation, un détail passe inaperçu : une pile de gravats au centre d'un cratère très profond. Des débris de métal gisent tout autour.

Personne ne remarque la présence d'un gantelet étincelant. Ses doigts métalliques forment un poing serré.

CHAPITRE 18

Quelques jours plus tard, April parcourt à vélo les rues de New York. Le soleil se couche sur la Hudson River. La vie en ville, qui est passée si près de la destruction, a repris son cours. Comme si rien n'était arrivé.

Mais April sait ce qui s'est passé. Et elle sait que les choses ne sont pas encore revenues à la normale. La police a arrêté Sacks, mais Shredder est toujours porté disparu.

La jeune femme n'aime pas le savoir en liberté. Mais elle sait aussi que les forces du bien veillent, prêtes à intervenir en cas de problème.

April traverse les quartiers du Lower East Side et s'arrête sous une passerelle sombre qui franchit l'East River. Au loin, les lumières de Brooklyn scintillent.

– Salut, la rouquine ! s'exclame Vern.

Son épaule est toujours bandée et il a le bras en écharpe, mais il sourit.

– Qu'est-ce que penses de ma *Fenwick-mobile* ? demande-t-il en désignant du menton la superbe voiture blanche garée derrière lui.

– Waouh, elle est cool ! dit April.

– Elle n'est pas encore tout à fait à moi. Channel 6 m'a aidé à l'acheter, mais il faut que je paye le reste. Dans quelques mois, ce petit bijou m'appartiendra !

Le caméraman tapote le coffre.

– C'était plutôt sympa de leur part, après ce qui est arrivé à la camionnette...

– Oui, répond April. Mais avec le reportage que tu leur as apporté, ils ne pouvaient pas t'en vouloir très longtemps.

– Le reportage que *nous* leur avons apporté, nuance Vern. Apparemment, on va refaire équipe, toi et moi. Enfin... si notre meilleure journaliste d'investigation est d'accord.

– Je ne voudrais travailler avec aucun autre caméraman, dit la jeune femme.

Vern rougit.

– Tu sais, si on redevient partenaires... ça ne veut pas dire qu'on ne peut pas aller dîner ensemble, hein. Je sais que tu n'aimes pas trop les endroits chic, mais je connais un restaurant où...

Vern est interrompu par un bruit de moteur. Une fourgonnette ralentit et s'arrête devant eux. De la musique très forte s'en échappe. Le véhicule semble constitué d'un assemblage de plusieurs voitures et camions. La porte latérale s'ouvre, et Michelangelo bondit sur le bitume.

– Salut, ma jolie, et heu... le type dont j'ai encore oublié le nom. Ça va ?

Raphael surgit derrière lui. Leonardo et Donatello sortent par l'avant de la fourgonnette.

– Tu aimes notre nouveau bolide ? demande Leonardo. On l'a surnommé le *Shellraiser* !

– C'est Donnie qui l'a construit.

– C'était fastoche, commente Donatello en haussant les épaules. Bon, d'accord, la carrosserie est intégralement blindée... et le poste de pilotage est équipé d'un système de surveillance et de pistage dernier cri.

– Et aussi d'une stéréo qui tue, comme tu peux l'entendre, ajoute Michelangelo. D'ailleurs, dit-il en allant tourner les boutons, j'ai une chanson spéciale à te faire écouter.

Mais la chanson ne démarre pas. À vrai dire, la musique s'arrête et une fusée improvisée surgit à travers le toit ouvrant.

– Oups, dit la Tortue en pouffant de rire. J'ai dû appuyer sur la mauvaise commande. C'est peut-être plutôt celle-ci…

Le missile est projeté en l'air, traverse la rue et va s'écraser sur la *Fenwickmobile.*

Vern en reste bouche bée.

– Ma voiture… parvient-il tout juste à bafouiller. Ma voiture toute neuve !

Michelangelo met sa main sur sa bouche.

– Oups… pardon !

Au loin, des sirènes de police retentissent. Et se rapprochent.

– Désolé, mec, dit Leonardo. On aimerait bien rester pour t'aider à réparer ta voiture, mais il faut qu'on file. T'inquiète pas, on se reverra bientôt !

Les portières claquent, les vitres se referment. Le *Shellraiser* s'éloigne dans la nuit. Vern et April se disent qu'ils feraient mieux de filer, eux aussi.

Plus tard, en arrivant dans sa rue, April roule avec son vélo sur une plaque d'égout. Ce détail la fait sourire. Elle sait maintenant que les héros peuvent avoir toutes les tailles et toutes les formes. Ce ne sont pas forcément de riches milliardaires. Ils n'ont pas tous une mâchoire carrée, une cape et un physique de star comme dans les bandes dessinées.

Les héros sont des gens comme tout le monde, se dit-elle.

Mais il y a aussi de vrais héros capables de sauver une ville. Parfois, il suffit de bien regarder sous la carapace.

Fin

TABLE

hachette s'engage pour l'environnement en réduisant l'empreinte carbone de ses livres. Celle de cet exemplaire est de :
350g éq. CO_2
Rendez-vous sur www.hachette-durable.fr

PAPIER À BASE DE FIBRES CERTIFIÉES

Photogravure Nord Compo - Villeneuve d'Ascq

Imprimé en Espagne par CAYFOSA
Dépôt légal : septembre 2014
Achevé d'imprimer : septembre 2014
65.6671.9/01 – ISBN 978-2-01-400271-3
Loi n° 49956 du 16 juillet 1949
sur les publications destinées à la jeunesse